城市轨道交通
轨道工程标准化施工指南

王存良　王宏杰　主编

中国建筑工业出版社

图书在版编目（CIP）数据

城市轨道交通轨道工程标准化施工指南/王存良，王宏杰主编．—北京：中国建筑工业出版社，2019.10（2021.1重印）
ISBN 978-7-112-24294-8

Ⅰ.①城…　Ⅱ.①王…②王…　Ⅲ.①城市铁路-铁路工程-工程施工-标准化管理-指南　Ⅳ.①U239.5-62

中国版本图书馆CIP数据核字（2019）第213283号

本指南共11章，对一般整体道床，整体道岔道床，梯形轨枕整体道床，隔离式减振垫整体道床，钢弹簧浮置板整体道床，隔离式减振垫道床预制装配施工，碎石道床，库内支柱式、侧壁式检查坑整体道床，高架桥短轨枕承轨台，钢弹簧浮置板道床预制装配施工、无缝线路的标准化施工进行了详细介绍，简洁明了地展示了城市轨道交通轨道工程标准化施工示范做法，具有较强的指导性、操作性和实用性。

本指南适用于城市轨道交通轨道工程施工技术、管理人员参考使用。

责任编辑：万　李
责任校对：李欣慰

城市轨道交通
轨道工程标准化施工指南
王存良　王宏杰　主编
*
中国建筑工业出版社出版、发行（北京海淀三里河路9号）
各地新华书店、建筑书店经销
北京科地亚盟排版公司制版
北京建筑工业印刷厂印刷
*
开本：787×1092毫米　1/16　印张：7¼　字数：179千字
2019年11月第一版　2021年1月第二次印刷
定价：**35.00**元
ISBN 978-7-112-24294-8
（34770）

编写单位

参编单位：中建安装集团有限公司

中建轨道电气化工程有限公司

编写委员会

主编

王存良　王宏杰

副主编

陈伟东　罗锦波　张志轶　张海冬　王会乾　张睿航

主要编写组人员（按姓氏首字母排序）

邸志鲲　关培峰　桂振刚　郝　涛　侯立群　李恩列　廖国苍

刘宾文　刘钟敏　孙来鹏　吴福荣　徐雁斌　杨宝林　张彦飞

核稿

张睿航　吴福荣　杨宝林　张彦飞　刘宾文　孙来鹏　朱小德

序

在城市化发展战略的推动下，我国城市轨道交通建设进入突飞猛进的发展时期。目前已有近 40 个城市正在建设或规划筹建城市轨道交通工程，北京、上海、广州、深圳等特大型城市正在形成城市轨道交通网络。

城市轨道交通轨道工程包含整体道床、碎石道床、无缝线路等施工类型，是整个城市轨道交通轨道工程的重要组成部分，其施工质量直接关系到城市轨道交通运行的安全稳定性。因此，组织编制《城市轨道交通轨道工程标准化施工指南》（以下简称《指南》），推行施工现场标准化施工管理，持续提升施工质量水平，是一项很有现实意义的工作。

本《指南》总体上涵盖城市轨道交通轨道工程的一般减振道床、中等减振道床、高等减振道床、特殊减振道床等预制或现浇的道床类型。以每个关键工序为单元，编制内容包括适用范围、作业条件及施工准备、引用技术标准、作业内容、施工技术标准、工序流程及操作要点、劳动组织、主要机械设备及工机具配置、物资材料配置、质量控制标准及检验、安全措施、环保要求等方面，内容全面详实，具有较强的针对性和可操作性，对推行施工标准化建设具有重要的指导意义和参考价值。

该《指南》在国家、行业现行标准、规范的基础上，结合自身的工程施工实践，吸收各地的成熟经验，聚焦于具有共性的管理、工艺、流程等标准化要求的凝练，内容简练，实时性强，对中初级工程技术人员提升施工能力和技术水平具有很好的促进作用。相信该《指南》的出版，必将推动城市轨道工程施工的优质高效发展。

中国工程院院士

2019 年 7 月于北京

前　言

为了加强现场标准化施工管理，提高施工技术人员的水平，规范施工标准化行为，保证工程质量和施工安全，特编写《城市轨道交通轨道工程标准化施工指南》。它为中建系统在城市轨道交通新业务板块——“轨道工程及系统机电（四电及综合监控）工程”的科学发展提供了应急之需。

进入21世纪以来，随着我国大中城市交通问题的日益突出，优先发展公共交通，大力发展城市轨道交通已成为城市交通发展的必然选择。城市轨道交通是一种快捷高效、安全舒适、节能环保的城市公共客运交通方式。城市轨道交通是城市地下铁路（地铁）、轻型轨道、单轨交通、有轨电车、新交通、高速磁浮列车和市郊（郊区）列车（通勤列车）等轨道交通的统称。自从1964年北京修建第一条地铁，近50年来，我国已有近40个城市正在建设或规划筹建城市轨道交通工程，北京、上海、广州、深圳等特大城市正在形成城市轨道交通网络。

“十三五”期间，我国规划建设的城市快速轨道交通项目总长度达2700公里，将近2万亿元投资将聚集在这一领域。我国正处在轨道交通建设的繁荣时期，已经成为世界上最大的城市轨道交通市场。

面对如此大规模、高速度的轨道交通建设期，如何把控工程项目的质量和安全显得尤为重要，尤其是2013年开始，首次将设备系统的质量安全监督也纳入到全国性的检查工作中。检查中发现轨道交通设备系统安装在标准、规范的执行方面存在较多问题，尤以设备安装及配线质量问题突出。原因主要是标准、规范、技术文件执行不到位或相互交叉造成，由于设备系统专业性强、系统繁杂，加之目前国内轨道交通发展很快，相对应的配套的施工标准、规范有些滞后，引用其他行业的标准多，施工人员单凭经验对于标准的适用性的判断影响较大且不可靠。

为满足轨道交通行业快速发展及施工质量、安全、技术等方面的需要，急需根据公司成熟人才的经验及深圳、南宁、徐州地铁施工实践经验，选择适用的标准与施工工艺，形成一套规范的标准化配套技术指导文件，对迎合目前快速发展的城市轨道交通领域具有重要现实意义。

本书旨在鼓励施工企业从基础抓起，力求做到标准为重心，以技术标准为依据，经过全面总结，系统提升，形成居于国内领先水平的城市轨道交通工程施工标准。

在编写过程中，虽经反复推敲核证，仍难免有不妥甚至疏漏之处，恳请广大读者提出宝贵意见。

本书编写委员会

2019年6月

目　　录

第一章　一般整体道床

1.1　适用范围

适用于城市轨道交通一般整体道床施工，适用于普通长轨枕整体道床，普通短轨枕整体道床，采用扣件可为DTⅢ2型分开式扣件、DTVⅠ2型扣件、GB型扣件、单趾弹条扣件、压缩型减振器扣件、ZX-3型扣件、Lord扣件等，供施工单位对照参考。

1.2　施工内容

一般道床施工内容主要有：基标测设、基底处理、地铁铺轨机走行轨的安装、轨排拼装和吊运、轨排架设与轨道状态的调整、道床钢筋网绑扎焊接、连接端子安装及防迷流焊接、轨道状态调整、安装道床模板、浇筑道床混凝土、混凝土养护拆模等。

1.3　施工技术标准

(1)《地下铁道工程施工质量验收标准》GB 50299—2018；
(2)《地铁设计规范》GB 50157—2013；
(3)《城市轨道交通工程测量规范》GB/T 50308—2017；
(4)《混凝土结构工程施工质量验收规范》GB 50204—2015；
(5)《铁路轨道工程施工质量验收标准》TB 10413—2018；
(6)《钢筋焊接及验收规程》JGJ 18—2012；
(7)《施工现场临时用电安全技术规范》JGJ 46—2005。

1.4　施工准备

土建单位主体结构已完成（轨顶风道、站台板、区间联络通道）满足设计强度要求，车站、隧道等主体结构已通过净空限界检测和线路中线及水平贯通测量并满足设计要求，调线调坡资料已出，土建结构尺寸和防水符合设计要求并已验收，且办理了交接手续。

技术人员认真学习施工组织设计文件和施工标准，阅读、审核施工图纸，澄清有关技术问题，熟悉规范和技术标准。制定施工安全保证措施，提出应急预案。根据施工标准、施工设计图纸和现场情况编制实施性更强的施工安全技术交底文件，完成对施工人员安全技术交底。参加施工的人员已完成上岗前三级安全教育培训，考试合格后持证上岗。

使用的仪器、仪表、设备经具备国家级检验资质的检测机构的检验，并贴有“检验合格证”的标识，且在有效期内。

测量工作由测量工程师负责，交接桩必须留有签认记录，严格执行资料交接制度，所有资料（含向业主、监理及第三方测量等单位提交的导线复测成果、控制基标成果、测量放样成果等）通过“交接单”的方式进行资料交接，对于各种可能遇见的问题要有充分的了解和认识，并邀业主、监理和设计人员参加。

以一个铺轨基地（6～9km）正线为例，铺轨基地可以按照是否与轨道线路直接连接分为分离式铺轨基地和非分离式铺轨基地。一般地分离式铺轨基地设置在车站所在路面，利用预先设置的轨排井吊运轨排等材料设备；非分离式铺轨基地是基地临时轨道与轨道正线或辅助线直接连接，轨排等材料设备直接在铺轨基地吊装到轨道车，轨道车通过轨道线路进行运输，非分离式铺轨基地一般设置在车辆段基地。见图 1.4-1。

图 1.4-1　铺轨基地功能分区

按照表 1.4-1～表 1.4-3 的要求，做好劳动力组织、施工机具、机械设备配置的准备工作。

（1）劳动力组织（表 1.4-1）

劳动力组织表　　　　**表 1.4-1**

序号	人员	单位	数量	备注
1	施工负责人	人	1	
2	技术负责人	人	1	
3	领工员	人	6	
4	质量员	人	2	
5	安全员	人	2	

续表

序号	人员	单位	数量	备注
6	试验员	人	1	
7	材料员	人	1	
8	技术员	人	4	
9	轨道车司机	人	6	
10	龙门吊司机	人	4	
11	施工人员	人	130	根据人员技术水平进行调整

(2) 施工机具(表 1.4-2)

施工机具表 **表 1.4-2**

序号	名称	品牌/规格	单位	数量	备注
1	全站仪	拓普康/莱卡	套	1	
2	电子水准仪	天宝	台	1	
3	水准尺	2.5m	台	4	
4	调轨支架	2 孔用于普通枕	套	80	
5	接头夹板及螺旋	60kg/m	套	4	
6	撬棍	7kg×1.5m	根	5	
7	翻轨器	1460×200×140	根	5	
8	万能道尺	JTGC3A	把	1	
9	方尺	HT200-250	把	1	
10	支矩尺	1400 支距尺	把	1	
11	基标尺	L 形	把	1	
12	正矢线盒	20m	个	1	
13	钢卷尺	5m	个	1	
14	钢板尺	30cm	个	1	
15	电动/内燃扳手	LB-300 型	台	2	
16	轨温计	DT-8550	个	1	
17	塞尺	(0.02～1)mm	个	1	

(3) 机械设备配置表(表 1.4-3)

机械设备配置表 **表 1.4-3**

序号	名称	规格	单位	数量	备注
1	基地龙门吊	10t-24m	台	2	
2	洞内铺轨门吊	MDP10-5.3	台	6	
3	轨道车	JY290	台	2	
4	轨道平板车	PD250	辆	4	
5	锯轨机	K1260	台	1	
6	内燃钢轨钻孔机	NZG-31	台	1	
7	发电机	8kW	台	1	
8	钢筋弯曲机	GQ40	台	1	
9	钢筋调直机	QD-10	台	1	
10	钢筋切断机	GW40-1/2	台	1	
11	齿条起道机	JGQ、60 型	台	4	根据施工组织设计配备
12	滚轮	ϕ20～ϕ26mm;L-120mm	个	8	
13	灰斗	自制	个	6	

1.5　施工工序流程及操作要点

（1）施工工序流程图（图 1.5-1）

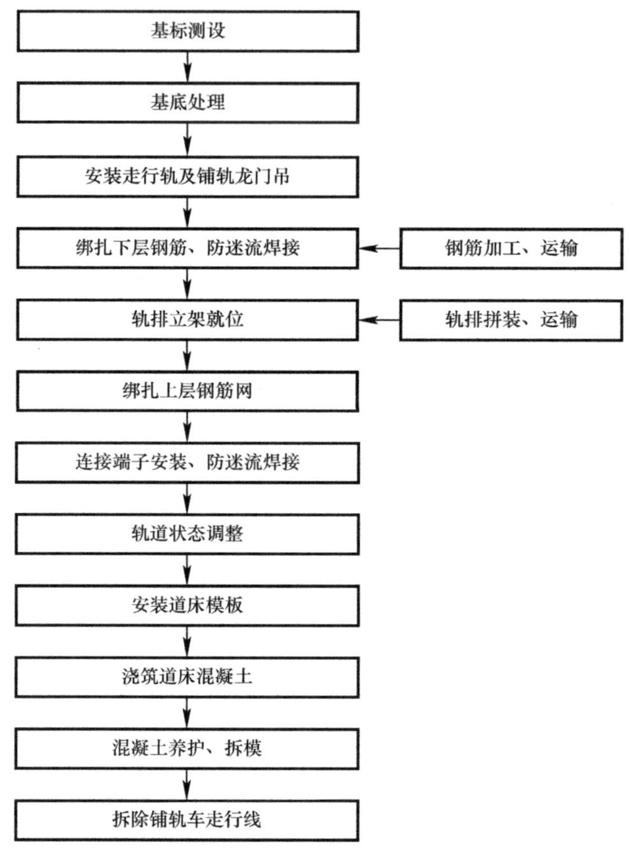

图 1.5-1　施工工序流程图

（2）操作要点

1）基标测设

① 以沿线布设好的控制网点测设线路中线曲线五大桩、岔位桩、百米桩等线路中线控制基标。直线段宜每 120m 设置一个，曲线 60m 及曲线起止点、缓圆点、圆缓点、道岔起止点、岔心点、变坡点及竖曲线起止点各设一个控制基标。线路中线控制基标应稳固，长期保存。两控制基标之间距离较近时，首先满足曲线要素桩后可适当减少。

② 使用不低于Ⅱ级（1″，2＋2ppm）全站仪进行测量。直线段夹角与 180°较差应小于 8″，实测距离与设计距离较差应小于 10mm，曲线段控制基标间夹角与设计值较差计算出的线路横向偏差小于 2mm，弦长测量值与设计值较差应小于 5mm。两控制基标间距离测量相对误差在直线段为 1/5000，曲线段为 1/10000。高程测量按三等水准测量技术要求施工，水准仪精度指标不低于 DS1 级（±1.0mm/km），高程实测值与设计值较差＜2mm。

③ 业主测量队复核轨道线路中线控制基标，确认测量误差在允许范围之内后，进行监理报验，合格后进行加密基标的测设。加密基标设置一般在直线采用5m加密基标设置，曲线段均采用5m加密基标设置。普通整体道床区段，所有基标（包括控制基标和加密基标）均埋设在线路中线上。

④ 在控制基标的基础上采用坐标法和水准测量方法进行加密。相邻基标间纵向测量误差小于±5mm，曲线段小于2mm；横向误差（方向误差），相对于两控制基标的横向偏差一般为±2mm。高程测量误差，相邻两基标间实测高差与设计高差较差不大于1mm，每个加密基标高程实测值与设计值较差不大于2mm。采用三等水准测量，按照$\pm 12\sqrt{L}$计算闭合差。见图1.5-2。

图1.5-2 基标测设

2）基底处理

① 基底清理：圆形隧道严禁凿毛处理，仍需要在轨道架设之前，彻底清除基底面上的浮浆、污物、脏水。

② 基底凿毛：

凿毛必须严格控制密度、深度及范围，50mm×50mm，深度6mm以上，矩形隧道和马蹄形隧道道床宽度范围内的基底进行凿毛处理均需凿毛。（凿毛深度不小于5mm，以露出铺底混凝土内石子为宜）。凿毛完成后垃圾应集中装袋清理，底板淤泥必须清理干净，保证轨行区范围无垃圾无淤泥。清理垃圾及淤泥后应用高压水枪对底板进行湿润，注意湿润后水需清理干净，保证底板无积水，彻底清除基底面上的浮浆、污物、脏水。见图1.5-3。

③ 植入膨胀螺栓：矩形、马蹄形隧道整体道床，基底与道床应用，某市地铁×号线使用YG2型M16×245膨胀螺栓，锚入深度110mm，每1.25m设置6个，植入结构内的膨胀螺栓不得破坏该结构内的主筋，且露出结构底板部分应避开道床内钢筋，保证与结构钢筋电气绝缘。见图1.5-4。

图1.5-3 基底凿毛

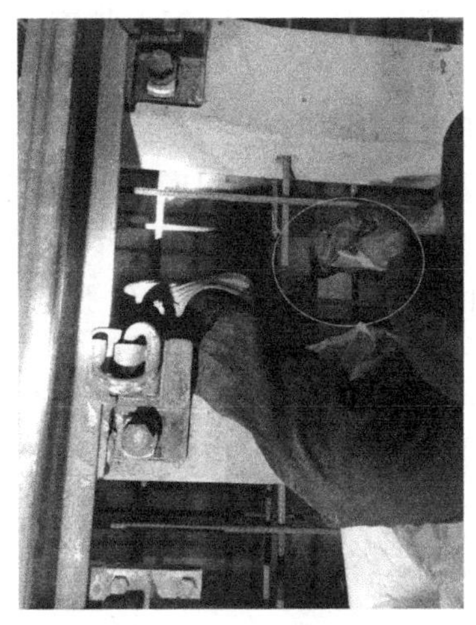

图1.5-4 植入膨胀螺栓

3）地铁铺轨机走行轨的安装

地铁铺轨机是洞内轨排、钢筋、混凝土等材料吊运必不可少的机具之一。为此，对地铁铺轨机和走行轨的要求是：铺设及拆除方便、快捷，保证在地铁线路30‰大坡道和300m小曲线半径上地铁铺轨机走行平衡安全。走行轨铺设采用特制高度可调式钢支墩，地铁铺轨机走行轨一般应超前钢筋网铺设地段布设。根据圆形、矩形隧道断面及底面，钢支墩抽盒底板根据底板面的形状制作成几种不同的结构，可满足各种工况施工的需要。在布设地铁铺轨机走行轨时，先利用4个M16膨胀螺丝将钢支墩底板固定在隧道底板上，再调整钢支墩的高度；钢支墩上板采用螺栓与钢轨底板紧固连接。地铁铺轨机及走行轨布置均满足设备限界与施工的要求。见图1.5-5。

图1.5-5 走行轨安装

4）轨排拼装

轨排组装前须做好配轨计算，并充分满足焊轨的需要，根据设计文件、技术资料及报经业主批准的无缝线路施工设计方案编制轨排表。直线段长度根据各坡度分段计算，配轨时应按钢轨长度和预留轨缝连续计算，并确定曲线始点前（或后）的钢轨接头。曲线段长度以外股为依据，配轨按外股钢轨长度和预留轨缝连续计算，并确定曲线始点前（或后）的钢轨接头到曲线终点的距离。

同一轨排宜选用长度公差相同的钢轨配对，相差量不得大于3mm。轨枕按照设计规定数量等距悬挂，前后两块间距允许偏差为±5mm。过渡段轨枕间距按设计要求布置。轨排应根据铺设顺序来编号，先铺设者在上，后铺设者在下，顺序装车，利用铺轨基地龙门吊完成轨排吊装运输至轨道车平车上，轨排组装在基地拼装台完成。见图1.5-6～图1.5-8。

当2台DP-10型地铁铺轨机将轨排吊运到待铺地段就位后，开始轨排架设。轨排架设采用上承式钢轨支承架，钢轨支承架设置间距为2.5m一个，直线段支承架应垂直线路方向，曲线段支承架应垂直线路的切线方向。并将各部螺栓拧紧，不得虚接。轨枕、支承架如与预留管沟等重合时，前后适当调整，力求均匀。见图1.5-9、图1.5-10。

图 1.5-6 轨排拼装

图 1.5-7 轨排存放

图 1.5-8 轨排吊装运输

5）钢筋网的铺设

① 为了保证钢筋与混凝土之间的握裹力，在钢筋使用前，应将其表面的油渍、漆污、铁锈等清除干净。当钢筋需要调直时，调直后的钢筋表面不应有削弱钢筋截面的伤痕。

图 1.5-9　轨排洞内运输

图 1.5-10　轨排架设

② 钢筋下料时必须按照设计下料长度切断，钢筋下料长度必须准确。

③ 钢筋下料后，应按照设备特点及钢筋直径和弯曲角度进行划线，以便弯曲成设计所要求的尺寸。

④ 钢筋下料后，形状尺寸必须符合设计要求，平面上没有翘曲、不平现象。

⑤ 受拉带肋钢筋的末端应采用直角形弯钩，弯钩的内侧半径不得小于 3.5d，钩端应留有不小于 5d 的直线段（d 为钢筋直径）。

⑥ 用光圆钢筋制成的箍筋，其末端应有弯钩（半圆形、直角形或斜弯钩）。弯钩的弯曲内直径应大于受力钢筋直径，且不应小于箍筋直径的 2.5 倍。对一般结构，箍筋弯钩的弯折角度不应小于 90°，弯钩平直部分的长度不宜小于箍筋直径的 5 倍。

⑦ 钢筋宜在常温状态下加工，不宜加热。弯制钢筋宜从中部开始，逐步弯向两端，应一次弯成。钢筋绑扎一般采用 20～22 号铁丝，要求绑扎准确、牢固，钢筋搭接长度不小于 40 倍钢筋直径且不得小于 300mm。

⑧ 沿整体道床纵向每隔 5m 用一根横向钢筋与所有的纵向钢筋焊接，并使上、下层钢筋连通，短于 10m 的整体道床在中部用一根横向钢筋与所有的收集网纵向钢筋焊接。

⑨ 在垂直轨道正下方选择两根纵向钢筋与所有横向钢筋焊接；钢筋如有搭接，必须进行搭接焊，双面焊焊接长度不小于钢筋直径的 6 倍，单面焊焊接长度不小于钢筋直径的 12 倍。

⑩ 闪光焊钢筋表面不得有明显的烧伤或裂纹；焊接质量应符合设计及相关规范要求。见图 1.5-11、图 1.5-12。

6）轨道状态调整

对照铺轨基标利用螺旋支腿粗调轨道几何位置。确认轨道标高、轨距、水平、方向不超过±5mm 后，结合使用钢支顶再进行轨道几何位置精调。精调前首先按不大于 0.5mm 精度误差调整道尺，借助于直角道尺调整轨道基本股，再用万能道尺调整另一股调整轨道标高和设置曲线超高；用 10m 弦线调整轨道方向和正矢；轨道调整完后，确认轨道中线、标高、轨距、超高、正矢等符合设计要求后，灌注轨道混凝土。见图 1.5-13。

7）整体道床模板安装及混凝土浇筑

① 扣件保护：浇筑混凝土之前，对扣件进行套袋处理，对钢轨铺盖塑料膜，防止浇筑混凝土过程中，对扣件钢轨进行污染。防止污染钢轨及扣件，应对钢轨及扣件进行防护

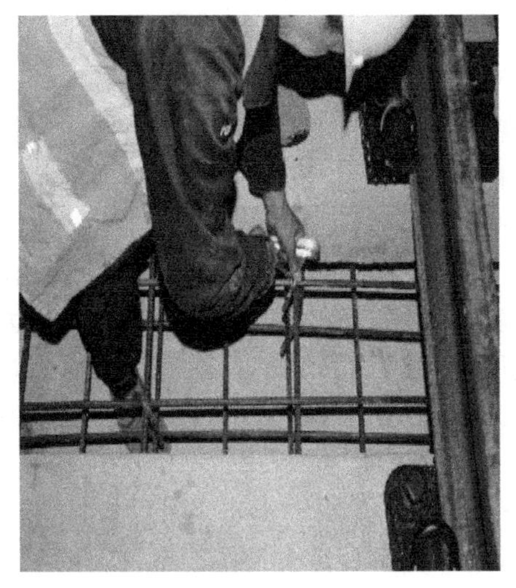

图 1.5-11 钢筋绑扎

图 1.5-12 钢筋焊接

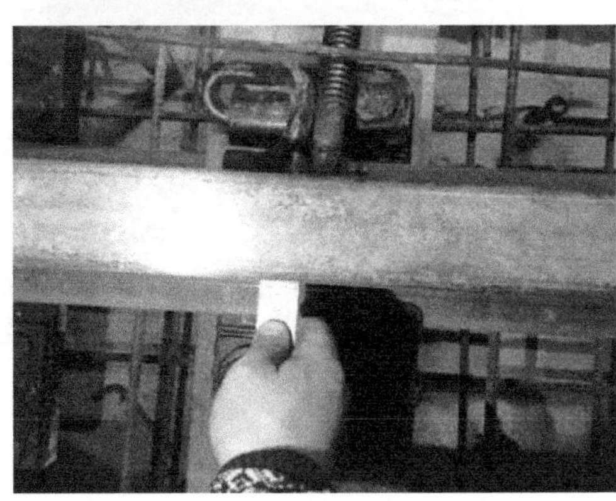

图 1.5-13 轨道几何状态调整

措施，扣件应用垃圾袋包装，钢轨采用彩条布遮盖，同时通知试验人员准备好混凝土进场的检查仪器并通知混凝土搅拌站开始供给。

② 模板安装：水沟模板施工技术要求：水沟模板安装位置偏差不大于±5mm，垂直度 2mm，宽度允许偏差为±5mm，表面不平整度不大于 2mm（1m 靠尺检查），高程允许

偏差±5mm。模板支立时，须清除模板上的杂物，对于严重变形、挠曲的模板禁止使用；模板支立应牢固平整，应保证其在线路方向上平顺，接头处须平整，在模板接缝处用塑料胶带粘贴，底部有缝隙者，用水泥砂浆堵塞严密；立模前，须对模板内侧均匀涂抹脱模剂或废机油。浇筑时，水沟模板支架应稳定，无松动、跑模、下沉、上浮等现象，若出现立即进行加固处理。

③ 混凝土运输：针对各现场实际情况，地下线整体道床混凝土浇筑分为两种形式。一是商品混凝土经泵车由混凝土搅拌站运输至施工现场，经过泵车采用泵管输送方式至施工面直接浇筑，一般适用于洞口附近、车站范围内及进洞200m地段的道床的浇筑；二是商品混凝土采用泵车和轨道车的配合运输至施工面利用门式小吊进行道床浇筑，一般适用于盾构区间内道床的施工。

④ 混凝土振捣

a. 可采用插入式振动棒振捣设备振捣混凝土。振捣时应避免碰撞模板、钢筋及预埋件。

b. 按事先规定的工艺路线和方式振捣混凝土，应在混凝土浇筑过程中及时将入模的混凝土均匀振捣密实，不得随意加密振点或漏振，每点的振捣时间以表面泛浆或不冒大气泡为准，一般不宜超过30s，避免过振。

c. 采用插入式振捣器振捣混凝土时，宜采用垂直点振方式振捣。若需变换振捣棒在混凝土拌合物中的水平位置，应首先竖向缓慢将振捣棒拔出，然后再将振捣棒移至新的位置，不得将振捣棒放在拌合物内平拖，也不得用插入式振捣棒平拖驱赶下料口处堆积的混凝土拌合物。

d. 在振捣混凝土过程中，应加强检查模板支撑的稳定性和接缝的密合情况，以防漏浆。混凝土浇筑完成后，应仔细将混凝土暴露面压实抹平，抹面时严禁洒水。见图1.5-14。

图1.5-14　混凝土浇筑

8）道床抹面及养护

① 道床抹面：待混凝土浇筑达到一定时间后，应进行3～6次的抹面压光工作。

② 混凝土的浇水养护时间，对采用硅酸盐水泥、普通硅酸盐水泥或矿渣硅酸盐水泥拌制的混凝土，不得少于7d，对掺用缓凝型外加剂或有抗渗性要求的混凝土，养护期不少于14d。

③ 混凝土灌筑终凝后，应立即对道床表面浇水养护或道床表面附上土工布，混凝土强度未达到设计强度的70%时，道床上不得行驶车辆和承重。见图1.5-15、图1.5-16。

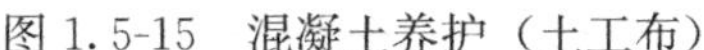

图 1.5-15 混凝土养护（土工布）

图 1.5-16 混凝土养护（洒水）

1.6 施工质量标准

（1）尽量不在交通高峰时段安排浇筑砼，以减少对市区交通的影响，延误混凝土的浇筑时间。当混凝土采用轨道车运输时，应提高轨道车区间运输速度，应确保混凝土在初凝前浇筑，必要时可掺加混凝土缓凝剂，延缓混凝土的初凝及终凝时间。

（2）加强混凝土的质量控制，分别在混凝土停滞的部位加强检测，发现混凝土质量问题，及时联系，确保混凝土浇筑质量。

（3）混凝土施工按卸料、入模、振捣及收面进行分工，定人定岗，建立岗位责任制。混凝土施工班组建时，选择有丰富混凝土施工经验的技术工人。

（4）浇筑时，水沟模板支架应稳定，无松动、跑模、下沉、上浮等现象，若出现立即进行加固处理。

（5）采取措施保证混凝土自由倾落高度＜2m，最前端设置水平溜槽，防止混凝土产生离析。

（6）混凝土采用振捣器振捣，振捣时间不小于 30s 并达到三个条件结束振捣：①混凝土表层开始泛浆；②不再冒泡；③混凝土表面不再下沉。

（7）混凝土浇筑应连续进行，间歇不超过规范规定的时间（对于不掺外加剂的混凝土，其允许间歇时间不应超过 2h，当温度高达 30℃时，不应超过 1.5h，当温度低至 10℃左右时，可延长至 2.5h）。

（8）混凝土泵送管道输送前应以同标号砂浆润管，浇筑完毕后应清洗管道。地泵可另用空压机进行清洗，拆除下的管道应及时清理备用。

（9）混凝土初凝前进行混凝土面的提浆、压实、抹光工作，初凝后终凝前应进行 3～6 次压光，以提高混凝土抗拉强度，减少收缩量，收光后 12h 以内对混凝土加以覆盖和浇水。混凝土的浇水养护时间，对采用硅酸盐水泥、普通硅酸盐水泥或矿渣硅酸盐水泥拌制的混凝土，不得少于 7d，对掺用缓凝型外加剂或有抗渗性要求的混凝土，养生期不少于 14d。

（10）混凝土强度未达设计要求强度前，严禁在结构表面堆积载重物；对结构不同部位，采取不同拆模时间，禁止拆模过早。

（11）本工程所使用的钢筋均须严格按设计规格和要求连同合格证书一并进场，且经验收、复试合格后方可使用，使用前必须将钢筋表面锈蚀及油污用钢刷除净。

（12）钢筋的弯制加工采用纵筋在现场加工、焊接、横筋及立筋基地加工棚内进行，加工时严格按设计尺寸以人工配合机械成型。加工成型的钢筋运往施工现场，按设计要求绑扎钢筋网。

1.7　安全、环保注意事项

（1）危险源辨识内容（表 1.7-1）

危险源辨识与风险评价一览表　　表 1.7-1

单位：

专业名称：轨道工程

序号	工序名称	危险源	可能导致的事故	危险源级别	现有控制措施	备注
1	一般整体道床施工	钢筋焊接	人身伤害	Ⅴ	特种作业人员持证上岗、穿戴好防护用品	
2		施工区域前后未设置防护员	人身伤害	Ⅴ	增设防护员	

注：判别依据：Ⅰ．不符合法律法规及其他要求；Ⅱ．曾发生过事故，仍未采取有效控制措施；Ⅲ．相关方合理抱怨或要求；Ⅳ．直接观察到的危害；Ⅴ．施工条件危害评价（LEC 法）。

（2）安全注意事项

1）基地施工安全注意事项

① 基地垂直吊装钢轨，各施工人员应步调一致，服从指挥人员的吊装指挥，相互配合，提高工作警惕性，严格按照施工技术安全交底及机械避免不必要的安全事故发生。

② 地铁铺轨机吊铺轨排时，挂钩人员一定要选好吊点，吊钳挂好后，经试吊认定牢靠，挂钩人员撤离至安全位置扶住轨排，再指挥地铁铺轨机操作司机继续起吊。地铁铺轨机操作司机思想要高度集中，操作要稳，并随时注意施工人员的动态，发现不安全因素，立即采取措施，防止发生意外。

③ 地铁铺轨机及其他起重设备的安全保护装置必须齐全、完好、灵敏可靠，并指定专人定期检查，检查项目必须符合有关规定。每次下轨前，安全人员、技术人员和操作人员必须对设备、机具进行检查，尤其是吊轨卡、地铁铺轨机钢丝绳，确保设备运转正常，机具性能良好时方可操作。

④ 现场机械设备，必须悬挂“安全操作规程”牌。操作人员必须按照本机说明书规定，严格执行工作前的检查和工作中注意观察及工作后的检查保养制度。

⑤ 吊轨卡必须专门加工，保证在钢轨倾斜状态时不因为重力作用下下滑。

⑥ 钢轨吊装人员严禁酒后施工。

2）行车安全注意事项

① 行车工作中严格执行行车组织规则，禁止一切违章违纪行为的发生。

② 隧道内轨排铺设和整体道床浇筑对调车工作提出了更高的要求，在车辆进洞、运行、对位施工中，信号显示要正确、及时，每个工作环节应有专人负责，加强联系，避免因一时疏忽造成的一切不良后果。

③ 加强对轨道车及其他车辆的运用和保养，严禁带病车辆出库上线，乘务人员在轨道车运行中应加强瞭望，认真执行呼唤应答制度，严禁臆测行车。严格按规定速度运行。车辆人员要精检细修，及时处理各种车辆故障，确保车辆的运用安全。

④ 装车时，应严格检查，严禁超限货物。

⑤ 行车人员应加强同铺轨施工人员的联系，消除施工对运输造成的种种不利因素。在调车过程中，应做好车辆的防溜工作，任何情况下都不得在区间停留车列（辆）。

⑥ 施工技术人员在整体道床施工前与土建单位办理交接时，要严格检查施工地段有无侵限的障碍物，如不符合施工要求，必须及时通知土建单位予以处理。

⑦ 车辆首次通过各车站站台时必须一度停车，检查限界等符合要求后以 3～5km/h 速度缓慢通过，隧道内推送速度不得超过 5km/h。

3）整体道床施工安全注意事项

① 混凝土灌筑终凝后，及时养护，混凝土强度未达到设计强度的 70%时，道床上不得行驶车辆和承重。

② 整体道床施工中，各道工序应保持适当间隔，并有机衔接与配合。

③ 钢筋网焊接时，焊接设备必须经过调试运转正常后，方可正式施工，焊机必须由专人使用和管理，非专职人员不得擅自操作。焊接设备必须装接地线，电源部分要妥加保护，防止因操作不慎使钢筋与电源接触，严禁两台焊机使用一个电源闸刀。电焊工应穿戴必要的劳动防护用品，并在施工过程中注意保护自身安全。

④ 混凝土灌筑前，应对脚手架、管道和卡环进行检查，发现问题立即更换，混凝土浇筑时应设专人对管架看护，发生堵管时，应及时敲击疏通。

⑤ 安装地铁铺轨机应严格按照线路中心线铺设，连接支撑牢固，确保地铁铺轨机在吊装过程中稳定安全运输。

（3）环保注意事项

1）施工工器具材料需及时回收，不得随意丢弃，减少环境污染。

2）施工完毕做到场清料净。

3）减少噪声污染，施工过程中，混凝土浇筑控制与住宅区的距离。浇筑完混凝土及时设置围挡，防止行人踩踏和车辆辗压，并及时洒水养护。

第二章　整体道岔道床

2.1　适用范围

适用于城市轨道交通整体道岔道床施工。

本节以国内具有代表性的用于城市轨道交通整体道岔道床工艺介绍，供施工单位对照参考。

2.2　施工内容

整体道岔道床施工内容主要有：基标测设，基底处理，道岔拼装，道岔架设与轨道状态的调整，道床钢筋网绑扎焊接，道岔状态调整，安装道床模板，浇筑道床混凝土，混凝土养护拆模等。

2.3　施工技术标准

(1)《地下铁道工程施工质量验收标准》GB 50299—2018；

(2)《地铁设计规范》GB 50157—2013；

(3)《城市轨道交通工程测量规范》GB/T 50308—2017；

(4)《混凝土结构工程施工质量验收规范》GB 50204—2015；

(5)《铁路轨道工程施工质量验收标准》TB 10413—2018；

(6)《钢筋焊接及验收规程》JGJ 18—2012；

(7)《施工现场临时用电安全技术规范》JGJ 46—2005。

2.4　施工准备

土建单位主体结构已完成（轨顶风道、站台板、区间联络通道）满足设计强度要求，车站、隧道等主体结构已通过净空限界检测和线路中线及水平贯通测量并满足设计要求，调线调坡资料已出，土建结构尺寸和防水符合设计要求并已验收，且办理了交接手续。

技术人员认真学习施工组织设计文件和施工标准，阅读、审核施工图纸，澄清有关技术问题，熟悉规范和技术标准。制定施工安全保证措施，提出应急预案。根据施工标准、施工设计图纸和现场情况编制实施性更强的施工安全技术交底文件，完成对施工人员安全技术交底。参加施工的人员已完成上岗前三级安全教育培训，考试合格后持证上岗。

使用的仪器、仪表、设备经具备国家级检验资质的检测机构的检验，并贴有“检验合格证”的标识，且在有效期内。

测量工作由测量工程师负责，交接桩必须留有签认记录，严格执行资料交接制度，所有资料（含向业主、监理及第三方测量等单位提交的导线复测成果、控制基标成果、测量放样成果等）通过“交接单”的方式进行资料交接，对于各种可能遇见的问题要有充分的了解和认识，并邀业主、监理和设计人员参加。

以一个铺轨基地（6～9 正线公里）的单个散铺道岔施工为例，按照表 2.4-1～表 2.4-3 的要求，做好人员配置、施工机具、机械设备配置的准备工作。

（1）劳动力组织（表 2.4-1）

劳动力组织表　　　　**表 2.4-1**

序号	人员	单位	数量	备注
1	施工负责人	人	1	
2	技术负责人	人	1	
3	领工员	人	3	
4	质量员	人	1	
5	安全员	人	1	
6	试验员	人	1	
7	材料员	人	1	
8	技术员	人	2	
9	龙门吊司机	人	4	
10	施工人员	人	50	根据人员技术水平进行调整

（2）施工机具（表 2.4-2）

施工机具表　　　　**表 2.4-2**

序号	名称	规格	单位	数量	备注
1	全站仪	拓普康/莱卡	套	1	
2	电子水准仪	天宝	台	1	
3	水准尺	2.5m	台	4	
4	调轨支架	2 孔用于普通枕	套	80	
5	接头夹板及螺旋	60kg/m	套	4	
6	撬棍	7kg×1.5m	根	5	
7	翻轨器	1460×200×140	根	5	
8	万能道尺	JTGC3A	把	1	
9	方尺	HT200-250	把	1	
10	支矩尺	1400 支距尺	把	1	
11	基标尺	L 形	把	1	
12	正矢线盒	20m	个	1	
13	钢卷尺	5m	个	1	
14	钢板尺	30cm	个	1	
15	电动/内燃扳手	LB-300 型	台	2	
16	轨温计	DT-8550	个	1	
17	塞尺	(0.02～1)mm	个	1	

（3）机械设备配置（表 2.4-3）

机械设备配置表　　　　表 2.4-3

序号	名称	规格	单位	数量	备注
1	基地龙门吊	10t-24m	台	2	
2	锯轨机	K1260	台	1	
3	内燃钢轨钻孔机	NZG-31	台	1	
4	发电机	8kW	台	1	
5	钢筋弯曲机	GQ40	台	1	
6	钢筋调直机	QD-10	台	1	
7	钢筋切断机	GW40-1/2	台	1	
8	齿条起道机	JGQ、60 型	台	4	根据施工组织设计配备
9	滚轮	ϕ20—ϕ26mm；L-120mm	个	8	

2.5　施工工序流程和操作要点

（1）施工工序流程图（图 2.5-1）

（2）操作要点

1）基标测设

① 以沿线布设好的控制网点测设线路中线岔位桩等线路中线控制基标。道岔起止点、岔心点、设一个控制基标。线路中线控制基标应稳固，长期保存。两控制基标之间距离较近时，首先满足曲线要素桩后可适当减少。

② 使用不低于Ⅱ级（1″，2＋2ppm）全站仪进行测量。高程测量按三等水准测量技术要求施工，水准仪精度指标不低于 DS1 级（±1.0mm/km），高程实测值与设计值较差＜2mm。见图 2.5-2。

2）基底处理

① 基底清理：圆形隧道严禁凿毛处理，仍需要在轨道架设之前，彻底清除基底面上的浮浆、污物、脏水。见图 2.5-3。

② 基底凿毛

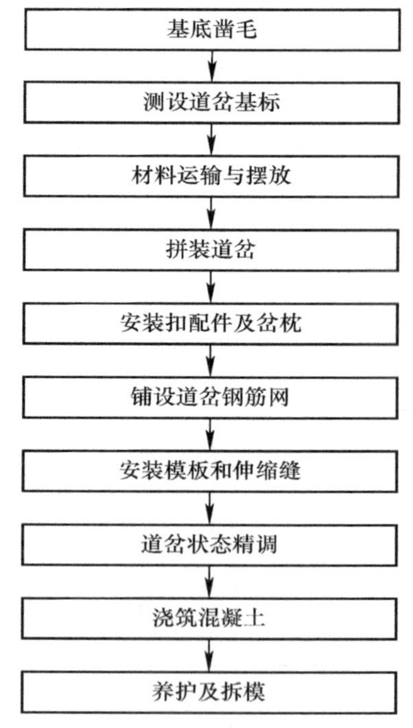

图 2.5-1　施工工序流程图

凿毛必须严格控制密度、深度及范围，50mm × 50mm，深度 6mm 以上，矩形隧道和马蹄形隧道道床宽度范围内的基底进行凿毛处理均需凿毛。（凿毛深度不小于 5mm，以露出铺底混凝土内石子为宜）。凿毛完成后垃圾应集中装袋清理，底板淤泥必须清理干净，保证轨行区范围无垃圾无淤泥。清理垃圾及淤泥后应用高压水枪对底板进行湿润，注意湿润后水需清理干净，保证底板无积水，彻底清除基底面上的浮浆、污物、脏水。

图 2.5-2 桩点设置

图 2.5-3 道岔基底清理

3）道岔拼装

① 道岔铺设时，要求两根基本轨的螺栓孔应在同一轴线上，允许误差±3mm。

② 道岔上道后，各部位轨距、水平、方向及高低等要求，按道岔验收有关规定执行。

③ 在道岔布置中前后岔心距离铺设误差应控制在±5mm 范围内。见图 2.5-4、图 2.5-5。

图 2.5-4 道岔岔枕摆放

图 2.5-5 对位岔枕和岔轨

④ 道岔上道前应进行整组道岔道外预铺（包括电务转辙设备），并满足下列要求：

a. 道岔各部尺寸及零部件的安装符合设计图纸。

b. 岔枕用 M30 螺钉严禁敲入，严禁用棍棒插入套管拨动岔枕。

c. 在安装外锁闭装置前，两尖轨应分别与相应的基本轨做密贴检验，确认尖轨在轨头刨切范围内与基本轨缝隙小于 1mm。

d. 顶铁与尖轨轨腰间隙应小于 1mm。若发现间隙太大，可在顶铁与基本轨轨腰之间加调整片进行调整，若顶铁紧顶基本轨影响密贴又无调整片时，则应卸下顶铁进行打磨。

e. 转辙器垫板的滑床台应平滑。

f. 尖轨的轨底应与下部滑床台密贴，整组道岔不密贴率允许不大于 8%，各牵引点左右枕上的滑床台必须与尖轨的轨底密贴。密贴指有磨痕或缝隙不大于 1mm。

g. 安装滑床板和护轨垫板的弹片时，应注意区分弹片上下面（弹片上表面标注“上”为上面），将其插入滑床台内，再将销钉表面涂油后，穿入滑床台侧面的钉孔，用手锤敲击钉头，使其就位。

h. 各部分紧固螺栓须拧紧，拧紧的要求：转辙器根端间隔铁螺栓扭矩为 700～900N・m；M30 螺钉扭矩为 250～300N・m；螺栓冻结扭矩为 1200～1400N・m。

i. 整组道岔预铺时，必须进行电动操作转换试验，一动实测转换力不大于 2000N，二动实测转换力不大于 4000N（不含密贴力）。见图 2.5-6。

4）道岔钢筋网的铺设

① 未经相关许可，必须按照施工设计图指定的钢筋品种和规格进行加工、下料，钢筋下料时必须按照设计下料长度切断，钢筋下料长度必须准确；钢筋下料后，应按照设备特点及钢筋直径和弯曲角度进行划线，以便弯曲成设计所要求的尺寸。形状、尺寸必须符合设计要求，平面上没有翘曲、不平现象。

② 为了保证钢筋与混凝土之间的握裹力，在钢筋使用前，应将其表面的油渍、漆污、铁锈等清除干净。当钢筋需要调直时，调直后的钢筋表面不应有削弱钢筋截面的伤痕。

③ 受拉带肋钢筋的末端应采用直角形弯钩，弯钩的内侧半径不得小于 3.5d，钩端应留有不小于 5d 的直线段（d 为钢筋直径）。

④ 用光圆钢筋制成的箍筋，其末端应有弯钩（半圆形、直角形或斜弯钩）。弯钩的弯曲内直径应大于受力钢筋直径，且不应小于箍筋直径的 2.5 倍。对一般结构，箍筋弯钩的弯折角度不应小于 90°，弯钩平直部分的长度不宜小于箍筋直径的 5 倍。

⑤ 钢筋宜在常温状态下加工，不宜加热。弯制钢筋宜从中部开始，逐步弯向两端，应一次弯成。见图 2.5-7。

图 2.5-6　道岔起道

图 2.5-7　道岔钢筋摆放

⑥ 钢筋的连接

a. 钢筋连接前，应先仔细核对施工图纸，确认无误后方可施工。

b. 钢筋绑扎一般采用 20～22 号铁丝，要求绑扎准确、牢固，钢筋搭接长度不小于 40

倍钢筋直径且不得小于 300mm。

c. 在道床上相邻两个变形缝之间的道床称为一个道床结构段，每个道床结构段内的结构钢筋应电气连接，即每个结构段内的纵向钢筋的搭接必须焊接，双面焊钢筋的搭接长度不小于钢筋直径的 5 倍，单面焊钢筋的搭接长度不小于钢筋直径的 10 倍，焊缝高度不小于 6mm。

d. 杂散电流防护：沿整体道床纵向每隔 5m 用一根横向钢筋与所有的纵向钢筋焊接，并使上、下层钢筋连通，短于 10m 的整体道床在中部用一根横向钢筋与所有的收集网纵向钢筋焊接。在垂直轨道正下方选择两根纵向钢筋与所有横向钢筋焊接；钢筋如有搭接，必须进行搭接焊，双面焊接长度不小于钢筋直径的 6 倍，单面焊焊接长度不小于钢筋直径的 12 倍。

e. 闪光焊钢筋表面不得有明显的烧伤或裂纹；焊接质量应符合设计及相关规范要求。

⑦ 钢筋安装

a. 钢筋的牌号、规格、数量和混凝土保护层的厚度均应符合设计文件的要求。

b. 在钢筋无支撑时，为保证混凝土保护层厚度，应在钢筋与模板之间采用垫块支垫或采用适合长度的勾筋挂于岔枕底带的横向钢筋。垫块互相错开，分散布置，不得横贯保护层的全部截面，垫块数量不得少于 4 个/m^2，绑扎垫块和钢筋的铁丝头不得伸入保护层内。垫块的耐久性和抗压强度应不低于构件本体混凝土，且细石混凝土水胶比不大于 0.4。不得采用砂浆垫块。

c. 钢筋在安装过程中，必须满足防杂散电流的施工设计要求。

d. 钢筋网在模型中的位置应准确，不得倾斜、扭曲，也不得改变保护层的规定厚度。

e. 钢筋工序施工完毕后，应严格执行三检制度。即先由钢筋绑扎施工过程中班组自检；再由钢筋班组与模板班组、混凝土班组交接时，模板班组、砼班组检查钢筋绑扎存在的问题；最后通知项目专业技术负责人或施工质量负责人对施工质量进行专业检查；合格后方可进入下道工序施工。见图 2.5-8。

图 2.5-8 道岔钢筋焊接

5）道岔轨道状态调整

① 转辙器必须扳动灵活，尖轨尖端应与基本轨密贴，其间隙不应大于 1mm。

② 轨距允许偏差：尖轨尖端处轨距允许偏差为 ±1mm；尖轨根端允许偏差 ±1mm；其他部位 −1，+2，变化率不应大于 1‰。

③ 查照间隔（辙叉心作用边至护轨头部外侧的距离）为 1391mm，允许偏差为 0～+2mm。护背距离（翼轨作用边至护轨头部外侧的距离）为 1348mm，允许偏差为 0～−1mm。

④ 接头处轨面、轨头内侧应平（直）顺，允许偏差为 0.5mm。

⑤ 轨顶水平及高程：全长范围内高低差不应大于 2mm，高程允许偏差为 ±1mm，左右股钢轨顶面水平允许偏差为 1mm。

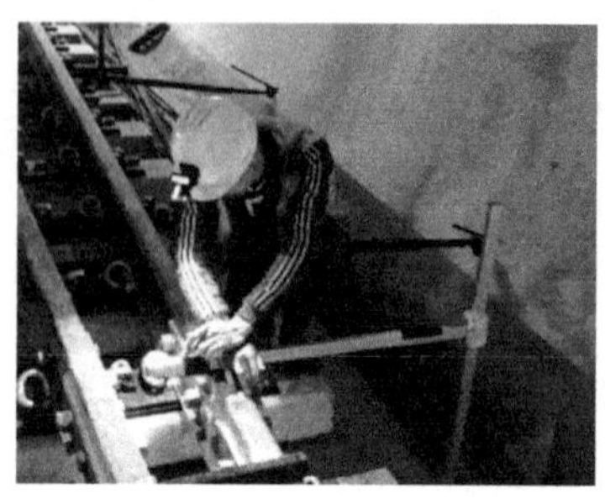

图 2.5-9 道岔几何尺寸调整

⑥ 里程位置：允许偏差为±15mm。

⑦ 导曲线及附带曲线：导曲线支距允许偏差为 1mm；附带曲线用 10m 弦量连续正矢差允许偏差为：1mm。

6）整体道岔模板安装及混凝土浇筑

① 加强岔枕与周围混凝土的捣固。

② 注意道床表面的横向排水坡度，以防积水。

③ 道床混凝土强度达到 7.5MPa 时方可拆除钢轨支承架，达到设计强度的 70%方可行驶车辆和承重。

④ 整体道床分块布置，设置伸缩缝，宽度为 20mm。伸缩缝内塞 1～2cm 厚、经防腐处理的木板，顶面 2～3cm 用沥青做防水处理。

a. 整体道床顶面设“人”字形排水横坡，以线路中心线或辙叉角平分线作为分水线，分水线处道床顶面比轨枕顶面低 30cm，厚度为 332mm；道床边厚度为 320mm。道床面排水横坡由分水线向道床边拉坡抹面而成，拉坡抹面须满足钢轨下净空不小于 70mm 的要求。

b. 道岔道床基底与道床连接采用 YG2 型 M16×245 膨胀螺栓，设置时需避开结构钢筋位置，锚入深度为 110mm；道岔理论中心至岔头部分，每 1.2m 设置 6 个，道岔理论中心至岔尾每 1.2m 设置 10 个，单渡线部分的宽混凝土块每 1.2m 设置 14 个。

图 2.5-10 道岔扣件浇筑混凝土前保护

⑤ 有电缆要求过轨时，一般要求在两轨枕中间位置的道床内预埋过轨管，施工时应有相关专业配合。严禁在辙叉范围内过轨，道岔其余范围过轨时，原则要求每 2 根过轨管需至少间隔两根岔枕，且过轨管内径不得超过 100mm，若有特殊情况，需单独配合。

⑥ 混凝土振捣完成后，应及时对混凝土暴露面进行紧密覆盖（可采用篷布、塑料布等进行覆盖），尽量减少暴露时间，防止表面水分蒸发。暴露面保护层混凝土初凝前，应卷起覆盖物，用抹子搓压表面至少二遍，使之平整后再次覆盖，此时应注意覆盖物不要直接接触混凝土表面，直至混凝土终凝为止。

7）道岔道床抹面及养护

① 道岔道床抹面：待混凝土浇筑达到一定时间后，应进行 3～6 次的抹面压光工作。

② 混凝土的浇水养护时间，对采用硅酸盐水泥、普通硅酸盐水泥或矿渣硅酸盐水泥拌制的混凝土，不得少于7d，对掺用缓凝型外加剂或有抗渗性要求的混凝土，养护期不少于14d。

③ 混凝土灌筑终凝后，应立即对道床表面浇水养护，混凝土强度未达到设计强度的70%时，道床上不得行驶车辆和承重。见图2.5-11、图2.5-12。

图2.5-11　道岔道床抹面

图2.5-12　道岔道床养护（土工布）

2.6　施工质量标准

（1）混凝土灌筑终凝后，应立即对道床表面浇水养护，混凝土强度未达到设计强度的70%时，道床上不得行驶车辆和承重。

（2）混凝土灌筑前，应对脚手架、管道和卡环进行检查，发现问题立即更换，混凝土浇筑时应设专人对管架看护，发生堵管时，应及时敲击疏通。堵管严重时，应将部分泵管拆除，并将管内的混凝土清除保证泵管疏通下重新组装泵管。禁止泵管堵管情况下浇筑混凝土。

（3）隧道底板有渗漏水或杂物时应立即停止浇筑混凝土。

（4）施工现场所有施工机械及各施工面和堆料场必须按规定设置施工铭牌，所有施工管理、施工人员应统一穿戴工作服，佩带上岗证，上岗证上标示有姓名、职务、照片及编号等。闲杂人员不得进入施工区域内，未经业主批准同意，外部任何单位和个人均不得进入工地。

（5）及时清理地面上混凝土及在平板车散落的混凝土。地下线施工垃圾严禁乱扔，要集中堆放，统一回收销毁。

（6）钢筋混凝土浇筑前，对绑扎好的钢筋应妥善保护，保持其整体性，防止行人踩踏使钢筋弯折和间距发生变化。

（7）保持好穿墙管，电线管、电门盒及其他预埋件。

（8）拆除水沟模板时轻起轻放，不得碰撞已完结构，拆模时不得使用大锤硬砸或撬棍硬撬，以免损伤混凝土表面和棱角，防止模板损坏或变形。

（9）浇筑完混凝土及时设置围挡，防止行人踩踏和车辆辗压，并及时洒水养护。

2.7　安全、环保注意事项

（1）危险源辨识内容（表 2.7-1）

危险源辨识与风险评价一览表　　表 2.7-1

单位：

专业名称：轨道工程

序号	工序名称	危险源	可能导致的事故	危险源级别	现有控制措施	备注
1	道岔整体道床施工	钢筋焊接	人身伤害	V	特种作业人员持证上岗、穿戴好防护用品	
2		施工区域前后未设置防护员	人身伤害	V	增设防护员	

注：判别依据：Ⅰ. 不符合法律法规及其他要求；Ⅱ. 曾发生过事故，仍未采取有效控制措施；Ⅲ. 相关方合理抱怨或要求；Ⅳ. 直接观察到的危害；Ⅴ. 施工条件危害评价（LEC 法）。

（2）安全注意事项

1）所有进入施工现场人员必须佩戴安全帽。

2）施工人员必须检查机械设备、施工环境、照明设施等，并试运行符合安全要求。施工人员必须经过安全培训考试合格后持证上岗。

3）各类加工成型的钢筋应分类堆放并进行标示。

4）操作人员必须熟悉钢筋机械的构造性能和用途，并按照清洁、调整、紧固、防腐、润滑的要求维修保养机械。机械运行中停电时应立即切断电源。电路故障必须由专业电工排除。

5）操作人员施工时必须扎紧袖口，理好衣角，扣好衣扣。

6）搬运钢筋时要注意附近有无障碍物，架空电线和其他临时电气设备，防止碰撞电线或发生触电事故。

7）起吊钢筋时，规格必须统一，不准长短参差不齐。

8）在雷雨天时必须停止露天施工，预防雷击钢筋伤人。

9）在使用电器设备前必须按规定穿戴和配备相应的劳动防护用品。

10）电焊工必须持证上岗，证件过期未年审的不准施工。

11）电焊机外壳，必须接地良好，要有漏电保护器，电源的装拆应由电工完成。

12）雷雨天或四级大风以上不准施工。

13）施焊结束，应先切断焊机电源，并检查施工地点，确认无起火危险后，方可离开。

（3）环保注意事项

1）施工工器具材料需及时回收，不得随意丢弃，减少环境污染。

2）施工完毕做到场清料净。

3）减少噪声污染，施工过程中，混凝土浇筑控制与住宅区的距离。浇筑完混凝土及时设置围挡，防止行人踩踏和车辆辗压，并及时洒水养护。

第三章 梯形轨枕整体道床

3.1 适用范围

适用于城市轨道交通梯形轨枕整体道床施工。

本节以国内具有代表性的用于城市轨道交通梯形轨枕道床工艺介绍，供施工单位对照参考。

3.2 施工内容

梯形轨枕道床施工内容主要有：基标复测、基底处理、道床钢筋网铺设、梯形轨枕轨排立架、连接端子安装及防迷流焊接、轨道状态调整、安装道床模板、浇筑道床混凝土、混凝土养护拆模等。

3.3 施工技术标准

(1)《地下铁道工程施工质量验收标准》GB 50299—2018；
(2)《地铁设计规范》GB 50157—2013；
(3)《城市轨道交通工程测量规范》GB/T 50308—2017；
(4)《混凝土结构工程施工质量验收规范》GB 50204—2015；
(5)《铁路轨道工程施工质量验收标准》TB 10413—2018；
(6)《钢筋焊接及验收规程》JGJ 18—2012；
(7)《施工现场临时用电安全技术规范》JGJ 46—2005；
(8)《城市轨道交通梯形轨枕轨道工程施工及质量验收规范》CJJ 266—2017。

3.4 施工准备

土建单位主体结构已完成（轨顶风道、站台板、区间联络通道）满足设计强度要求，车站、隧道等主体结构已通过净空限界检测和线路中线及水平贯通测量并满足设计要求，调线调坡资料已出，土建结构尺寸和防水符合设计要求并已验收，且办理了交接手续。

技术人员认真学习施工组织设计文件和施工标准，阅读、审核施工图纸，澄清有关技术问题，熟悉规范和技术标准。制定施工安全保证措施，提出应急预案。根据施工标准、施工设计图纸和现场情况编制实施性更强的施工安全技术交底文件，完成对施工人员安全技术交底。参加施工的人员已完成上岗前三级安全教育培训，考试合格后持证上岗。

使用的仪器、仪表、设备经具备国家级检验资质的检测机构的检验，并贴有“检验合格证”的标识，且在有效期内。

测量工作由测量工程师负责，交接桩必须留有签认记录，严格执行资料交接制度，所有资料（含向业主、监理及第三方测量等单位提交的导线复测成果、控制基标成果、测量放样成果等）通过“交接单”的方式进行资料交接，对于各种可能遇见的问题要有充分的了解和认识，并邀业主、监理和设计人员参加。

以一个铺轨基地（6～9 正线公里）为例，按照表 3.4-1～表 3.4-3 的要求，做好人员配置、施工机具、机械设备配置的准备工作。

（1）劳动力组织（表 3.4-1）

劳动力组织表　　**表 3.4-1**

序号	人员	单位	数量	备注
1	施工负责人	人	1	
2	技术负责人	人	1	
3	领工员	人	6	
4	质量员	人	2	
5	安全员	人	2	
6	试验员	人	1	
7	材料员	人	1	
8	技术员	人	4	
9	轨道车司机	人	6	
10	龙门吊司机	人	4	
11	施工人员	人	130	根据人员技术水平进行调整

（2）施工机具（表 3.4-2）

施工机具表　　**表 3.4-2**

序号	名称	规格	单位	数量	备注
1	全站仪	拓普康/莱卡	套	1	
2	电子水准仪	天宝	台	1	
3	水准尺	2.5m	台	4	
4	调轨支架	2 孔用于普通枕	套	80	
5	接头夹板及螺旋	60kg/m	套	4	
6	撬棍	7kg×1.5m	根	5	
7	翻轨器	1460×200×140	根	5	
8	万能道尺	JTGC3A	把	1	
9	方尺	HT200-250	把	1	
10	支矩尺	1400 支距尺	把	1	
11	基标尺	L 形	把	1	
12	正矢线盒	20m	个	1	
13	钢卷尺	5m	个	1	
14	钢板尺	30cm	个	1	
15	电动/内燃扳手	LB-300 型	台	2	
16	轨温计	DT-8550	个	1	
17	塞尺	(0.02～1)mm	个	1	

（3）机械设备配置材料（表 3.4-3）

机械设备配置表　　表 3.4-3

序号	名称	规格	单位	数量	备注
1	基地龙门吊	10t-24m	台	2	
2	洞内铺轨门吊	MDP10-5.3	台	6	
3	轨道车	JY290	台	2	
4	轨道平板车	PD250	辆	4	
5	锯轨机	K1260	台	1	
6	内燃钢轨钻孔机	NZG-31	台	1	
7	发电机	8kW	台	1	
8	钢筋弯曲机	GQ40	台	1	
9	钢筋调直机	QD-10	台	1	
10	钢筋切断机	GW40-1/2	台	1	
11	齿条起道机	JGQ、60 型	台	4	根据施工组织设计配备
12	滚轮	ϕ20—ϕ26mm；L-120mm	个	8	
13	自制走行溜灰槽	自制	套	2	
14	灰斗	自制	个	6	

3.5　施工工序流程及操作要点

（1）施工工序流程图（图 3.5-1）

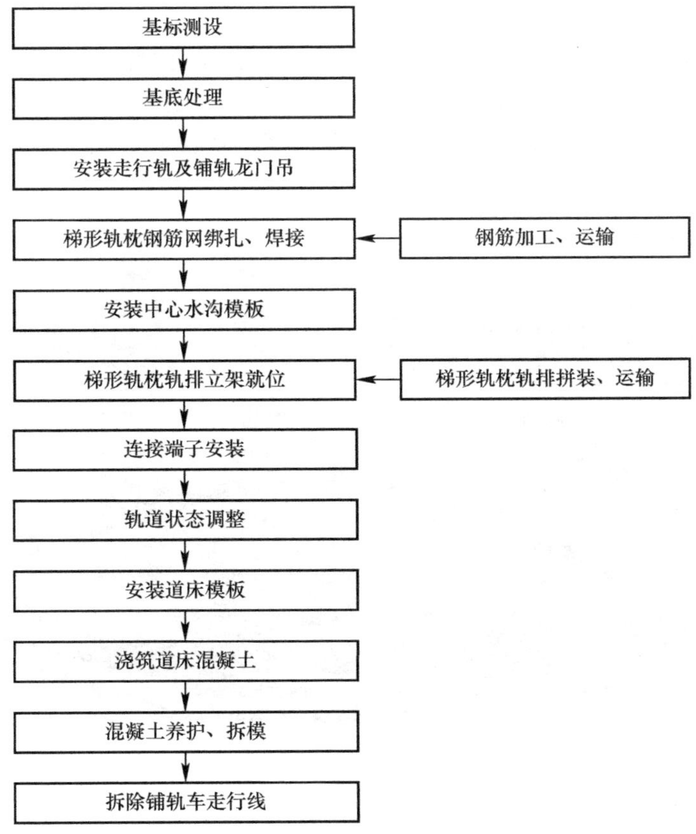

图 3.5-1　施工工序流程图

（2）操作要点

1）复测基标

会同甲方、监理，对第三方测量单位提供的测设资料和控制桩进行现场交接，办理相关手续，同时组织测量人员利用线路中线点或施工控制导线点和施工控制水准点对有关的控制桩进行测量复核，复核完成后，经测量监理工程师确认合格后方可供铺轨使用，并通过基标对结构限界尺寸进行检测。

2）基底处理

在进行基底处理之前，以轨面标高为基准线，先对轨道结构高度进行检测，确认整体道床底至钢轨顶面不小于设计高度。道床处采用人工进行密集凿毛，凿毛后立即清扫杂物垃圾，并用高压水或高压风将结构底板冲洗干净。

3）梯形轨枕轨排拼装

① 粘贴泡沫板：为保证梯形轨枕没有减振材料和缓冲材料的地方在支座施工后保持有设计的空隙，因此架枕前在梯形轨枕的侧面和底部设有隔离层，隔离层采用泡沫材料粘贴在轨枕的底面和侧面，泡沫材料的高度应高于减振材料 3～5mm，在减振材料的位置加工成斜面以便于混凝土的密贴，侧面隔离层厚度为 15mm，底部隔离层厚度为 30mm。见图 3.5-2。

② 轨排存放：轨排组装完成后用龙门吊机吊运到指定地点堆放或装车，并按铺设顺序注明轨节编号。轨排装车时，最多装三层，先铺的装在上面，后铺的装在下面。

③ 轨排吊运：梯形轨枕应按设计文件要求吊装，不得单点吊装，以及利用连接横梁吊装。如果使用钢丝绳吊装，应对梯形轨枕与其接触表面进行防护，不得损伤梯形轨枕。应利用吊装孔，并使用专用吊装工具进行吊装，保证梯形轨枕平面不受扭转力的影响。梯形轨枕轨排接头处的梯形轨枕无法挂于轨排上时应将该块梯形轨枕吊运至施工地点进行拼装。见图 3.5-3。

图 3.5-2 梯形轨枕泡沫板粘贴

图 3.5-3 梯形轨枕轨排吊运

4）铺设道床钢筋网

① 钢筋焊接：在每个道床结构段内，每隔 5m 在上下表层结构钢筋中分别选一根横向

钢筋与所交叉的所有纵向钢筋焊接，并与侧边竖向钢筋焊接成闭合横向钢筋圈，以满足收集网截面要求，上下表面焊接应符合图纸规范要求。见图 3.5-4、图 3.5-5。

图 3.5-4 道床钢筋绑扎

图 3.5-5 钢筋焊接

② 精调基底钢筋网：应按照图纸规范要求安装，保证基底钢筋网和梯形轨枕轨排吻合，防止出现错位情况。

③ 凸台钢筋：轨排立架完毕后，进行凸台钢筋绑扎，严禁凸台钢筋贴靠减振材料，凸台钢筋加工必须符合图纸要求。

④ 在曲线地段上层纵向钢筋 A14 的位置可根据轨枕上预留孔的位置做适当调整。

5）梯形轨枕架设

① 轨排立架：按照基标对架设于支撑架上的梯形轨枕进行粗调，铺轨小吊吊装轨排时，用轨排支撑架在轨排到位后进行轨排立架，使高度等基本达到粗调效果。见图 3.5-6。

② 在梯形轨枕进行吊装时，应严格遵守吊装规则，挂装好已规定的吊点，依次进行梯形轨枕的吊装。梯形轨枕轨排在铺轨基地进行组装，吊装采用钢丝绳或吊带，承重须满足梯形轨枕轨排重量要求，每块梯形轨枕重 3.8t，25m 钢轨、4 块梯形轨枕轨排重量为 18.23t，加轨架重按 20t 考虑。

③ 梯形轨枕铺设时，可采用三台地铁铺轨机共同施工来完成。

④ 在每组轨枕吊装就位之前，检查梯形轨枕底面、侧面及凸台处的防震材料、缓冲材料、泡沫材料是否粘接完好，若发现缺损或未粘接密实，及时进行更换或重新粘接，直到符合要求为止。

6）梯形轨枕轨排粗调

① 轨排架起后按设计和规范要求对其几何状态进行粗调、细调、精调。具体做法是：先调水平，后调轨距；先调基标部位，后调基标之间；先粗后精，反复调整。要求两股轨枕中心线与线路中线垂直安装距离允许偏差±5mm，轨距变化率不得大于千分之一。精调后，轨道中心线距基标中心线允许偏差±2mm，轨道方向直线段用 10m 弦量，允许偏差 1mm。曲线段用 20m 弦量，并经现场监理检查确认符合要求后，方可进行混凝土浇筑。

② 按设计和规范要求对其几何状态进行细调、精调。消除因立模施工和工装变形所

产生的局部轨道尺寸变化，经过精调后，确保允许偏差应符合《地下铁道工程施工质量验收标准》GB/T 50299 的规定，并经现场监理检查确认符合要求后，方可进行混凝土浇筑。见图 3.5-7。

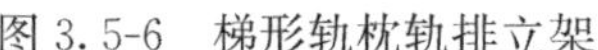
图 3.5-6 梯形轨枕轨排立架

图 3.5-7 梯形轨枕轨道几何尺寸调整

7）立模、检查

道床混凝土模板支立应牢固，允许偏差为：位置±5mm，垂直度 2mm；模板支立完成后，将道床混凝土表面线弹在模板上，侧面模板要支立牢固，严禁发生跑、胀模现象。在梯形轨枕内侧中心水沟槽模板上每隔 2m 左右布置一根支撑架。见图 3.5-8、图 3.5-9。

图 3.5-8 梯形轨枕中心水沟模板支立

图 3.5-9 凸台模板支立

8）梯形轨枕浇筑前的保护

在浇筑道床混凝土之前，用塑料薄膜将梯形轨枕以及所有安装完毕的钢轨及配件进行包装，并使用胶带将塑料布粘贴至梯形轨枕边的斜楞处，以免混凝土污染成品。

9）道床混凝土浇筑

① 可直接泵送至施工地点的直接泵送，距离较远无法泵送到位的利用泵送或漏斗输

送到地下平板车上的料斗内，由轨道车推运至施工点，利用铺轨门吊吊运至施工点浇筑。见图 3.5-10。

② 混凝土浇筑前，应检查梯形轨枕上粘贴的隔离层，对损坏的进行修补。自检合格后报请监理组织隐检（底板处理、钢筋绑扎），认定符合要求后方可浇筑混凝土。

③ 混凝土浇筑时采用插入式振捣棒振捣，振动棒移动间距宜为 400mm 左右，振捣时间为 15～30s，20～30min 后，进行第二次复振。严禁振捣器触及梯形轨枕支撑架及模板。并应随时检查钢轨的方向、轨距、水平与短枕的位置，若发现超标，立即调整，整改合格后方可继续浇筑。

④ 基底混凝土可分次浇筑，先浇筑梯形轨枕下部的基底混凝土，在浇筑两侧混凝土及凸台混凝土。基底混凝土采用插入式振捣完成后道床混凝土表面要进行抹面处理，为防止产生收缩裂缝，须用木抹子磨平、搓毛 2 遍以上，从隧道两侧边墙上拉弦线，隧道跨度较大的断面现场辅助以水准仪，共同控制抹面高度。

⑤ 混凝土浇筑完毕 12h 内，采用喷洒养护剂的方法进行养护。道床最好一次浇筑完成。

⑥ 如遇特殊情况，应在下次浇筑前清理接茬浮浆并凿毛接触表面。混凝土浇筑必须满足钢筋相关规范及《混凝土结构工程施工质量验收规范》GB 50204 要求，并经监理工程师认可。

10）抹面、整修和养护

① 道床混凝土初凝前应及时进行面层的抹面，并将梯形轨枕、钢轨、扣件、支撑架等表面粘有灰浆的地方立即清理干净。见图 3.5-11。

② 初凝后，观察基础与梯形轨枕减振板处是否密贴，如存在缝隙，立即使用环氧树脂进行填充。终凝前进行第二次抹面，以提高混凝土的抗拉强度，减少混凝土收缩量，避免混凝土表面皲裂、起皮，并及时进行覆盖。

③ 混凝土浇筑 12h 后，采用喷洒养护剂的方法进行养护，要保持混凝土处于湿润状态，养护保证有 14d。混凝土强度达到 5MPa 后方可拆除模板；达到设计强度的 70%后，轨道上方可载重、行车。

图 3.5-10　梯形轨枕混凝土浇筑

图 3.5-11　混凝土抹面

11）拆除支撑架、模板

① 在基础混凝土达到设计强度 70%后，对梯形轨枕支撑架进行拆除、清洗和涂油工作。

② 在混凝土达到设计规范要求后，将模板进行拆除，拆除时应注意保护成品混凝土的完整性。拆除完毕后的模板应进行清洗并分类摆放、回收。

12）清理水沟、安放吸声板

① 清理水沟部位的各种污物，为了降低地下线车厢内噪声的影响，按设计要求铺设道床吸声板。运输、装载吸声板时不得随便抛掷，进场时，会同监理对型号、外形、外观进行验收。合格后，依次进行安装。见图 3.5-12、图 3.5-13。

图 3.5-12 水沟清理

图 3.5-13 梯形轨枕吸声板安装

② 清理水沟部位的各种污物，为了降低地下线车厢内噪声的影响，按设计要求铺设道床吸声板。运输、装载吸声板时不得随便抛掷，进场时，会同监理对型号、外形、外观进行验收。合格后，依次进行安装。每块梯形轨枕长度范围内铺设 8 块吸声板，其中 A 型 6 块，B 型 2 块；吸声板侧面、板底、端头的缓冲材料为橡胶，每块吸声板设置 2 块侧面橡胶垫 B 及 4 块板底橡胶垫 C，两吸声板板缝之间用 1 块端头橡胶垫 A 填充；梯形轨枕限位凸台的施工误差应控制在±10mm 内；具体按照梯形轨枕吸声板布置图（图 3.5-14）执行。

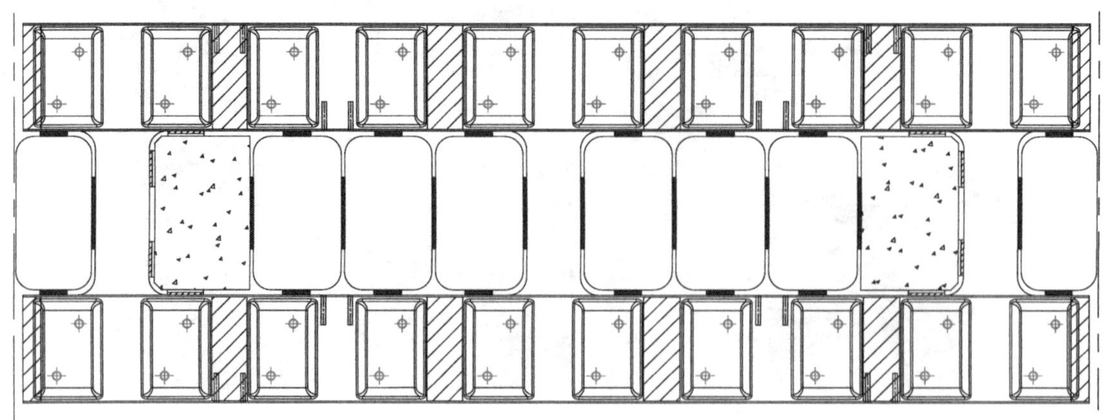

图 3.5-14 梯形轨枕吸声板布置图

3.6 施工质量标准

梯形轨枕施工除必须满足整体道床施工一般要求外，还应满足如下要求：

（1）浇筑混凝土基底前，应检查梯形轨枕上外贴的辅助材料（泡沫板）是否损坏，若有损坏，应进行修补。施工单位自检合格后应报请监理组织隐检（含基础处理、钢筋绑扎、预留预埋等），隐检合格后，宜用塑料薄膜将梯形轨枕以及所有安装完毕的钢轨及配件进行保护性包裹，避免被混凝土污染，之后方可浇筑基底混凝土。

（2）混凝土基底尺寸及钢筋的布设位置应符合设计要求。

（3）梯形轨枕为预应力结构，枕上不得打孔。

（4）梯形轨枕的吊装：必须采用专用吊装工具进行平稳吊装，且吊装点不少于4个。注意梯形轨枕成品的保护。

（5）梯形轨枕码放：梯形轨枕应码放在平整坚实的基础上，码放层数不能超过6层；层间应横向放置两块垫木，垫木应放置在距离枕端1/4板长处，且不得放置在减振点下面；各层垫木必须与轨枕保持垂直，上下层间枕木必须成一直线。

（6）梯形轨枕下部基底模板、钢筋、混凝土施工均应符合《混凝土结构工程施工质量验收规范》GB 50204的有关规定。

（7）梯形轨枕轨排钢轨支承架的强度、刚度和稳定性须满足正常施工要求，支承架的间距及安置位置应便于调整、拆卸和混凝土浇筑。

（8）施工中采用泡沫板做辅助材料的工法时，在梯形轨枕底部（减振垫范围外）和外侧面将厚25mm的泡沫板用胶条与轨枕固定；在梯形轨枕的内侧面（缓冲部件范围外），将厚为15mm的泡沫板用胶条与轨枕固定。用轨排将梯形轨枕吊装至对应位置上方，移动轨枕使其基本就位，而后放置在道床上面。注意不可直接使用定位支架进行调整。调整竖向定位螺栓，将轨顶高度调整到设计标高，然后固定。浇筑下部基底混凝土前，应检查弹性垫板的位置是否正确以及外贴泡沫板是否有损坏，若有问题，应进行修正。

（9）基底混凝土可分次浇筑，先浇筑梯形轨枕下部的基底混凝土，再浇筑两侧混凝土及凸台混凝土。基底混凝土采用插入式振动棒振捣，振动棒移动间距宜为400mm左右，振捣时间为15～30s，应确保振捣密实（尤其是梯形轨枕支座与弹性垫板处），保证捣固后的混凝土与梯形轨枕密贴，与隧道边墙相吻合。

（10）基底混凝土应捣固密实、表面平整、颜色均匀，不得有漏振、露筋、蜂窝、疏松、麻面和棱角缺失等缺陷。振捣完成后，混凝土初凝前应进行抹面处理，做出道床横向排水坡，抹面的允许平整度为3mm，高程0～－5mm。并将梯形轨枕、钢轨、扣件、支承架等表面粘有灰浆的地方立即清理干净。初凝后，应检查基底混凝土与弹性垫板衔接处是否密贴，如存在缝隙，应立即使用填充料进行填充。

（11）混凝土浇筑完毕12h内，应采用喷洒养护剂的方法进行养护，保持混凝土处于湿润状态。待基底混凝土强度达到5MPa后，方可拆除模板和钢轨支承架等，在道床混凝土未达到设计强度的70%前，严禁在轨道上行车、碰撞及承重。

（12）对拆除模板后的基底混凝土应及时进行质量检查，如发现外观有不影响正常使用的缺陷，允许对表面进行抹面整修处理，如发现外观有影响正常使用的缺陷，应返工重做。

（13）梯形轨枕整体道床的施工工艺、施工要求，可参照《轨道交通梯形轨枕轨道工程施工质量验收标准》QGD-012—2014的相关标准执行。

3.7　安全、环保注意事项

（1）危险源辨识内容（表3.7-1）

危险源辨识与风险评价一览表　　　　**表3.7-1**

单位：

专业名称：轨道工程

序号	工序名称	危险源	可能导致的事故	危险源级别	现有控制措施	备注
1	梯形轨枕整体道床施工	钢筋焊接	人身伤害	V	特种作业人员持证上岗、穿戴好防护用品	
2		施工区域前后未设置防护员	人身伤害	V	增设防护员	

注：判别依据：Ⅰ．不符合法律法规及其他要求；Ⅱ．曾发生过事故，仍未采取有效控制措施；Ⅲ．相关方合理抱怨或要求；Ⅳ．直接观察到的危害；Ⅴ．施工条件危害评价（LEC法）。

（2）安全注意事项

1）施工区域两端应设置信号灯，施工牌。

2）施工区域两端设置防护员进行防护。

3）进场施工必须进行安全技术交底及安全技术培训。

4）轨行区施工须申请A类工作票施工。

5）在规定的施工时间内完成测量并撤离轨行区。

6）轨排拼装：吊运钢轨和枕木途中，下方严禁站人；大龙门吊操作手与轨排拼装人员对讲机联系，实时沟通；安装紧固弹条过程中，前方严禁站人。

7）轨排存放：轨排组装完成后用龙门吊机吊运到指定地点堆放或装车，并按铺设顺序注明轨节编号。轨排装车时，最多装三层，先铺的装在上面，后铺的装在下面。

（3）环保注意事项

1）施工工器具材料需及时回收，不得随意丢弃，减少环境污染。

2）施工完毕做到场清料净。

3）减少噪声污染，施工过程中，混凝土浇筑控制与住宅区的距离。

第四章　隔离式减振垫整体道床

4.1　适用范围

适用于城市轨道交通隔离式减振垫整体道床施工。

本节以国内具有代表性的用于城市轨道交通隔离式减振垫道床工艺介绍，供施工单位对照参考。

4.2　施工内容

隔离式减振垫道床施工内容主要有：基标测设，基底处理，基础施工，隔离层铺设，轨排立架，浮置板上层钢筋绑扎，连接端子安装及防迷流焊接、轨道状态调整，安装道床模板，浇筑道床混凝土，混凝土养护拆模等。

4.3　施工技术标准

（1）《地下铁道工程施工质量验收标准》GB 50299—2018；

（2）《地铁设计规范》GB 50157—2013；

（3）《城市轨道交通工程测量规范》GB 50308—2017；

（4）《钢筋焊接及验收规程》JGJ 18—2012；

（5）《施工现场临时用电安全技术规范》JGJ 46—2005。

4.4　施工准备

土建单位主体结构已完成（轨顶风道、站台板、区间联络通道）满足设计强度要求，车站、隧道等主体结构已通过净空限界检测和线路中线及水平贯通测量并满足设计要求，调线调坡资料已出，土建结构尺寸和防水符合设计要求并已验收，且办理了交接手续。

技术人员认真学习施工组织设计文件和施工标准，阅读、审核施工图纸，澄清有关技术问题，熟悉规范和技术标准。制定施工安全保证措施，提出应急预案。根据施工标准、施工设计图纸和现场情况编制实施性更强的施工安全技术交底文件，完成对施工人员安全技术交底。参加施工的人员已完成上岗前三级安全教育培训，考试合格后持证上岗。

使用的仪器、仪表、设备经具备国家级检验资质的检测机构的检验，并贴有“检验合格证”的标识，且在有效期内。

测量工作由测量工程师负责，交接桩必须留有签认记录，严格执行资料交接制度，所有资料（含向业主、监理及第三方测量等单位提交的导线复测成果、控制基标成果、测量放样成果等）通过“交接单”的方式进行资料交接，对于各种可能遇见的问题要有充分的了解和认识，并邀业主、监理和设计人员参加。

以一个铺轨基地（6～9 正线公里）为例，按照表 4.4-1～表 4.4-3 的要求，做好人员配置、施工机具、机械设备配置的准备工作。

（1）人员配置（表 4.4-1）

人员配置表　　表 4.4-1

序号	人员	单位	数量	备注
1	施工负责人	人	1	
2	技术负责人	人	1	
3	领工员	人	6	
4	质量员	人	2	
5	安全员	人	2	
6	试验员	人	1	
7	材料员	人	1	
8	技术员	人	4	
9	轨道车司机	人	6	
10	龙门吊司机	人	4	
11	施工人员	人	130	根据人员技术水平进行调整

（2）施工机具（表 4.4-2）

施工机具表　　表 4.4-2

序号	名称	规格	单位	数量	备注
1	全站仪	拓普康/莱卡	套	1	
2	电子水准仪	天宝	台	1	
3	水准尺	2.5m	台	4	
4	调轨支架	2 孔用于普通枕	套	80	
5	接头夹板及螺旋	60kg/m	套	4	
6	撬棍	7kg×1.5m	根	5	
7	翻轨器	1460×200×140	根	5	
8	万能道尺	JTGC3A	把	1	
9	方尺	HT200-250	把	1	
10	支矩尺	1400 支距尺	把	1	
11	基标尺	L 形	把	1	
12	正矢线盒	20m	个	1	
13	钢卷尺	5m	个	1	
14	钢板尺	30cm	个	1	
15	电动/内燃扳手	LB-300 型	台	2	
16	轨温计	DT-8550	个	1	
17	塞尺	(0.02～1)mm	个	1	

（3）机械设备配置（表 4.4-3）

机械设备配置表　　表 4.4-3

序号	名称	规格	单位	数量	备注
1	基地龙门吊	10t-24m	台	2	
2	洞内铺轨门吊	MDP10-5.3	台	6	

续表

序号	名称	规格	单位	数量	备注
3	轨道车	JY290	台	2	
4	轨道平板车	PD250	辆	4	
5	锯轨机	K1260	台	1	
6	内燃钢轨钻孔机	NZG-31	台	1	
7	发电机	8kW	台	1	
8	钢筋弯曲机	GQ40	台	1	
9	钢筋调直机	QD-10	台	1	
10	钢筋切断机	GW40-1/2	台	1	
11	齿条起道机	JGQ、60 型	台	4	根据施工组织设计配备
12	滚轮	ϕ20—ϕ26mm；L-120mm	个	8	
13	灰斗	自制	个	6	

4.5 施工工序流程和操作要点

（1）施工工序流程图（图 4.5-1）

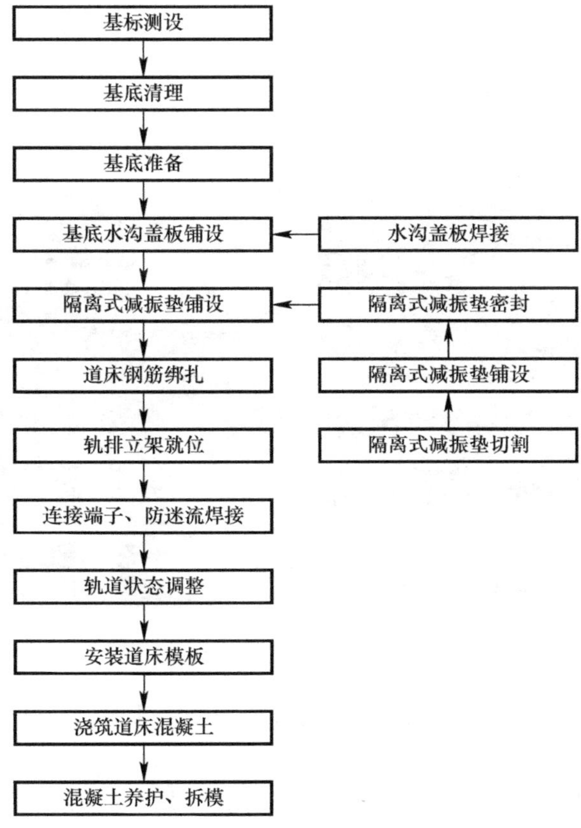

图 4.5-1 施工工序流程图

图 4.5-2　基底清理

(2) 操作要点

1) 基标测设

施工前测量组定出护桩，建议护桩每 5m 一对，高度统一按照高于设计轨面 100mm 设置，并在结构侧壁上弹出混凝土基底找平层高度线。在矩形隧道内及高架线施工前，测量组对车站底板面及梁面进行抄平，对于不符合施工要求的板面，施工之前应进行凿除。

2) 基底清理

对基底面进行处理，对凿除和清理出来的混凝土渣清扫装袋外运，并对凿除完地段底板采用高压水或高压风清扫。见图 4.5-2。

3) 基底准备

① 进行基底混凝土垫层浇筑时，严格按照测量组在盾构边沿弹出的回填线进行施工，基底表面平整度要求为 5mm/m。基础找平层每隔 12.00m 左右设置一处伸缩缝，伸缩缝的处理方式以设计图纸为准。基底钢筋的加工及绑扎需考虑施工偏差，可适当予以调整；圆形隧道内不需凿毛；若为盾构结构，减振垫铺设范围内管片连接处凹坑须用混凝土填平。见图 4.5-3、图 4.5-4。

图 4.5-3　基底钢筋绑扎

图 4.5-4　基底模板安装

② 矩形隧道基底主要是对结构底板进行找平处理，基础上严禁出现尖角或不平整。对水沟浇筑范围进行凿毛。

③ 矩形隧道地段在铺设减振道床垫前，基底找平层施工完成再进行两侧挡墙施工。挡墙内侧距离线路中心 1.425m。根据施工现场情况，两侧挡墙的施工可与基底一次成型或者进行二次浇筑。见图 4.5-5、图 4.5-6。

图 4.5-5 基底混凝土浇筑

图 4.5-6 基底侧墙施工

4）基底水沟盖板和减振垫铺设

减振道床垫铺设之前，必须保证基础面清扫干净，混凝土基础上无尖角或不平整且强度不小于 70%，减振道床垫采用横铺方式进行铺设（垂直于线路方向铺设）。铺设后的道垫上不能存放钢筋、钢轨、施工机具及轨排等重型物品。铺设后的减振垫上尽量避免运行手推车，手推车运行过程中严禁急刹、急转等过猛动作。严禁任何机动车辆通过。施工过程中厂家会配备一名技术人员驻场进行施工指导。见图 4.5-7。

图 4.5-7 水沟盖板安装

① 主要施工机具：电剪刀，不锈钢靠尺（2m），记号笔，卷尺（5m），钢尺，手电筒，切割机，壁纸刀，毛刷，塑料胶桶，铁抹子，小灰桶，扫帚，铁锹，拖把，锤子，錾子，电动吹风机。

② 水沟盖板的铺设地下线隧道内减振垫铺设前需在基底中心水沟位置铺设水沟盖板，材质采用钢板，钢板厚度 3mm，宽度 450mm，施工时设置于中心水沟上，通长焊接，防止混凝土浇筑时因混凝土自重将减振垫凹陷于水沟内。钢板焊接时，在检查孔位置进行割口。

③ 操作步骤：垫层表面清扫→弹线→裁割减振垫→减振垫摆样→涂刷氯丁胶→拼缝粘接。

垫层表面清扫，钢筋头、铁丝、伸缩缝模板切割清理，不得露出基底面；混凝土浮渣，杂物、明水、油污须清理干净，并保持干燥。

弹线主要是以线路中心线为基准，在结构壁上弹出减振垫铺设界线（矩形隧道则在侧挡墙内侧），保证在施工过程中减振垫按要求垂直于线路并居中铺设，以便提高施工质量和效率。

裁割减振垫在直线段铺设将垫子按照所量得实际数据裁切成标准块进行，曲线段需根据现场实际施工情况，加设三角形或梯形块，以保证减振垫始终垂直于线路中心线并居中铺设，道岔区则按设计图示分块铺设即可，注意小块料利用，避免浪费。

铺设部位摆样及按照图纸，进行摆放成型，施工注意拼缝间隙不大于 6mm，在减振垫光面涂刷氯丁胶，沿线路方向在距端部 15cm 处向线路中心方向涂刷（矩形隧道在侧挡墙内侧减振垫界线下），刷胶宽度不小于 30cm；同结构壁拍压粘结密实。

减振垫拼缝刷胶 10cm，粘贴土工布 10cm，平顺无褶皱，无翘边，沿拼缝居中粘贴，用手压实，端部甩出 3cm 土工布包裹减振垫侧面。见图 4.5-8。

5）道床填充胶缝

① 减振垫浮置板道床两侧密封胶施工宜在中后期进行，避免施工过早造成密封胶成品破坏；道床上露出的橡胶膨胀止水条在混凝土固化后可以撬出，混凝土强度过高，或是被混凝土完全覆盖，应选用切割机切除，注意按照图纸设计要求进行施工。切割时保证沟槽顺直，切缝平齐，里面密封条应全部清理完全；施工过程中，松动的砂子，石子及浮渣要清除干净，以保证密封胶工作效果。

② 打密封胶前应先将工作面清扫干净，再用吹风机将沟槽吹两遍，然后用湿抹布擦拭，最后用胶枪打密封胶。使其均匀充满沟槽；打密封胶时注意上表面与道床面侧墙的排水过渡，打密封胶要饱满，密实；要做到文明施工，防止污染道床面，废弃胶桶应及时回收并妥善处理。见图 4.5-9。

图 4.5-8　减振垫铺设

图 4.5-9　道床填充胶缝

6）轨排拼装、运输

① 轨排拼装、吊装、运输此处不再赘述。

② 轨道车将装有轨排的平板列车顶送至道床混凝土强度达到 70%以上的地段，再用 2 台铺轨龙门吊将轨排吊运至安装位置；轨道调整中，支立支撑架时候需要在支撑杆下面垫上一块小块钢板规格为 200mm×200mm×5mm，防止出现局部受力现象。见图 4.5-10。

7）钢筋加工、绑扎及焊接

① 钢筋的加工，施工前根据施工图纸及资料，对钢筋的品种、级别、规格、数量，确认无误后，方可组织施工钢筋加工，对弯曲的钢筋应进行调直后进行加工。

② 钢筋网的布设在轨道初调完毕后，进行道床内钢筋的绑扎，按照设计图纸要求布

置钢筋间距。伸缩缝、观察孔处纵向钢筋断开，观察孔处设置加强筋；岔区道床纵向钢筋遇轨枕其间距可适当调整。见图 4.5-11。

③ 钢筋焊接时，应在焊点下方铺垫石棉布等防火材料，避免焊渣掉落烧坏减振道床垫。道床伸缩缝两端设两道扁钢（50mm×8mm）闭合焊接，杂散电流端子 4 个由扁钢引出施焊，见图纸所示，注意位置及高度符合专业技术要求，满足后续施工需要。

图 4.5-10 轨排拼装

图 4.5-11 钢筋网绑扎

8）轨道几何尺寸精调

通过钢轨支撑架支腿螺旋依据铺轨基标精调轨道几何状态，用万能道尺、方尺、L 形尺、锤球等工具，按设计和规范要求调整轨道的轨距、水平、高程、方向等几何尺寸。曲线地段还须增加对曲线外股正矢的调整及检查。具体轨道调整做法是：先调水平，后调轨距；先调基标部位，后调基标之间；先粗后精，反复调整。其精度必须符合《铁路轨道工程施工质量验收标准》TB 10413—2018 要求。见图 4.5-12。

图 4.5-12 轨道几何尺寸调整完毕

9）模板支设及混凝土浇筑

模板安装必须平顺，位置正确，并牢固不松动。模板安装完成后要报请监理组织隐检，认定符合要求后方可灌筑混凝土。模板安装质量要求：高度偏差不大于±5mm，宽度偏差不大于±5mm，位置偏差不大于±3mm，中线偏差不大于 2mm，表面不平整度不大于2mm。支立模板时，须有方木支撑，特殊地段视具体情况可适当加密支撑，以防灌注混凝土时跑模、胀模。模板支好后，应保持其在线路中线方向上平顺，接头处必须平整牢靠，不漏浆（可考虑用塑胶带粘贴）。

图4.5-13　道床混凝土浇筑

浇筑道床混凝土前，陪同驻地监理工程师再次对轨道状态进行检测，确认符合设计和施工验收标准后，监理工程师签认，方可开始浇筑道床混凝土；进场混凝土严格进行坍落度实验及混凝土温度测试，符合要求方可使用。混凝土灌筑时采用插入式振捣棒振捣，并且振捣时不得碰撞钢轨、轨枕、模板，振捣完成后应及时按设计要求对道床混凝土表面要进行抹面处理，高程控制在0～5mm；不得出现排水反坡。见图4.5-13。

4.6　施工质量标准

（1）垫层施工前，应对结构进行检查、验收，对于渗水地段应先进行处理，再进行垫层施工。

（2）混凝土垫层施工，应严格控制其高程及平整度（5mm/m）。

（3）采用调轨支架架设轨排时，在丝杠支立部位的减振垫上，垫上一块200mm×200mm×5mm的小块钢板，防止出现局部受力现象。道床施工混凝土前，对丝杠和道垫进行密封处理及严密检查，防止混凝土进入道垫下部。

（4）道床钢筋焊接、模板支立时，应采取防护措施，防止火花对减振垫造成损害。

（5）由于减振垫铺设宽度较宽，龙门吊走行轨支撑点（钢支墩）因轨道标高的抬高可能侵入减振垫范围，施工单位应提前制定处理方案，报监理同意后方可实施。

（6）道床浇筑前采取有效措施防止混凝土污染扣件及钢轨，同时应加强轨枕周围及底部的振捣。

（7）道床混凝土浇筑时应注意对轨道设备以及已完工部分道床结构的保护，避免脏污及损坏。

（8）拆模后及时将所有可能随渗水带入杂物的较大缝隙及孔洞均填塞扎实，其中排水沟及检查孔部位待开通前再打开；若铺设地段有积水，应及时加以清理。

（9）混凝土浇筑过程中，由于钢轨、轨枕、轨道连接架受到混凝土的冲击，因此要加强对轨道几何尺寸的检查。

（10）混凝土浇筑完毕初凝后，要保持混凝土处于湿润状态。混凝土强度达到5MPa以上后方可拆除模板，达到强度的70%后，轨道上方可载重、行车。

（11）混凝土抗压试件留置组数，同一配合比每灌筑100m（不足100m者按100m计）应取二组试件，一组在标准条件下养护，另一组与道床同条件下养护，每个工作面确定拆模时间，需加一组，试件取样时监理须在场见证。

（12）钢筋焊接采用双面焊，并应进行焊接试验，合格后方可现场焊接，焊接时要确保减振垫不被损坏。

(13) 混凝土的浇水养护时间，对采用硅酸盐水泥、普通硅酸盐水泥或矿渣硅酸盐水泥拌制的混凝土，不得少于7d，对掺用缓凝型外加剂或有抗渗性要求的混凝土，养护期不少于14d。

(14) 减振垫铺设时，与截面改变或过渡，检查坑、隔离墙、凹槽等特殊结构时，减振垫应切割成相应形状，将减振垫边缘和拼接等部分清理干净，做端部处理。

(15) 减振垫铺设完成注意成品保护，因后续施工破坏的，应及时进行修补或更换。

4.7 安全、环保注意事项

(1) 危险源辨识内容（表4.7-1）

危险源辨识与风险评价一览表 **表4.7-1**

单位：

专业名称：轨道工程

序号	工序名称	危险源	可能导致的事故	危险源级别	现有控制措施	备注
1	隔离式减振垫道床施工	钢筋焊接	人身伤害	V	特种作业人员持证上岗、穿戴好防护用品	
2		施工区域前后未设置防护员	人身伤害	V	增设防护员	

注：判别依据：Ⅰ. 不符合法律法规及其他要求；Ⅱ. 曾发生过事故，仍未采取有效控制措施；Ⅲ. 相关方合理抱怨或要求；Ⅳ. 直接观察到的危害；Ⅴ. 施工条件危害评价（LEC法）。

(2) 安全注意事项

1) 施工区域两端应设置信号灯，施工牌。

2) 施工区域两端设置防护员进行防护。

3) 进场施工必须进行安全技术交底及安全技术培训。

4) 轨行区施工须申请A类工作票施工。

5) 在规定的施工时间内完成测量并撤离轨行区。

6) 轨排拼装：吊运钢轨和枕木途中，下方严禁站人；大龙门吊操作手与轨排拼装人员对讲机联系，实时沟通；安装紧固弹条过程中，前方严禁站人。

7) 轨排存放：轨排组装完成后用龙门吊机吊运到指定地点堆放或装车，并按铺设顺序注明轨节编号。轨排装车时，最多装三层，先铺的装在上面，后铺的装在下面。

8) 钢筋网焊接时，焊接设备必须经过调试运转正常后，方可正式施工，焊机必须由专人使用和管理，非专职人员不得擅自操作。焊接设备必须装接地线，电焊工应穿戴必要的劳动防护用品，并在施工过程中注意保护自身安全。

(3) 环保注意事项

1) 施工工器具材料需及时回收，不得随意丢弃，减少环境污染。

2) 施工完毕做到场清料净。

3) 减少噪声污染，施工过程中，混凝土浇筑控制与住宅区的距离。

第五章　钢弹簧浮置板整体道床

5.1　适用范围

适用于城市轨道交通钢弹簧浮置板整体道床施工。

本节以国内具有代表性的用于城市轨道交通钢弹簧浮置板道床工艺介绍，供施工单位对照参考。

5.2　施工内容

钢弹簧浮置板道床施工内容主要有：基标测设，基底处理，基础施工，隔离层铺设，轨排立架，浮置板上层钢筋绑扎，连接端子安装及防迷流焊接、轨道状态调整，安装道床模板，浇筑道床混凝土，混凝土养护拆模，浮置板顶升及标高调整等。

5.3　施工技术标准

(1)《地下铁道工程施工及验收规范》GB 50299—2018；
(2)《地铁设计规范》GB 50157—2013；
(3)《城市轨道交通工程测量规范》GB 50308—2017；
(4)《钢筋焊接及验收规程》JGJ 18—2012；
(5)《施工现场临时用电安全技术规范》JGJ 46—2005。

5.4　施工准备

土建单位主体结构已完成（轨顶风道、站台板、区间联络通道）满足设计强度要求，车站、隧道等主体结构已通过净空限界检测和线路中线及水平贯通测量并满足设计要求，调线调坡资料已出，土建结构尺寸和防水符合设计要求并已验收，且办理了交接手续。

技术人员认真学习施工组织设计文件和施工标准，阅读、审核施工图纸，澄清有关技术问题，熟悉规范和技术标准。制定施工安全保证措施，提出应急预案。根据施工标准、施工设计图纸和现场情况编制实施性更强的施工安全技术交底文件，完成对施工人员安全技术交底。参加施工的人员已完成上岗前三级安全教育培训，考试合格后持证上岗。

使用的仪器、仪表、设备经具备国家级检验资质的检测机构的检验，并贴有“检验合格证”的标识，且在有效期内。

测量工作由测量工程师负责，交接桩必须留有签认记录，严格执行资料交接制度，所有资料（含向业主、监理及第三方测量等单位提交的导线复测成果、控制基标成果、测量放样成果等）通过“交接单”的方式进行资料交接，对于各种可能遇见的问题要有充分的了解和认识，并邀业主、监理和设计人员参加。

以全线（18～21 正线公里）为例，按照表 5.4-1～表 5.4-3 的要求，做好人员配置、施工机具、机械设备配置的准备工作。

（1）劳动力组织（表 5.4-1）

劳动力组织表 **表 5.4-1**

序号	人员	单位	数量	备注
1	施工负责人	人	1	
2	技术负责人	人	1	
3	领工员	人	6	
4	质量员	人	2	
5	安全员	人	2	
6	试验员	人	1	
7	材料员	人	1	
8	技术员	人	4	
9	轨道车司机	人	6	
10	龙门吊司机	人	4	
11	施工人员	人	130	根据人员技术水平进行调整

（2）施工机具（表 5.4-2）

施工机具表 **表 5.4-2**

序号	名称	规格	单位	数量	备注
1	全站仪	拓普康/莱卡	套	1	
2	电子水准仪	天宝	台	1	
3	水准尺	2.5m	台	4	
4	调轨支架	2 孔用于普通枕	套	80	
5	接头夹板及螺旋	60kg/m	套	4	
6	撬棍	7kg×1.5m	根	5	
7	翻轨器	1460×200×140	根	5	
8	万能道尺	JTGC3A	把	1	
9	方尺	HT200-250	把	1	
10	支矩尺	1400 支距尺	把	1	
11	基标尺	L 形	把	1	
12	正矢线盒	20m	个	1	
13	钢卷尺	5m	个	1	
14	钢板尺	30cm	个	1	

续表

序号	名称	规格	单位	数量	备注
15	电动/内燃扳手	LB-300 型	台	2	
16	轨温计	DT-8550	个	1	
17	塞尺	(0.02～1)mm	个	1	

(3) 机械设备配置(表 5.4-3)

机械设备配置表 **表 5.4-3**

序号	名称	规格	单位	数量	备注
1	基地龙门吊	10t-24m	台	2	
2	洞内铺轨门吊	MDP10-5.3	台	6	
3	轨道车	JY290	台	2	
4	轨道平板车	PD250	辆	4	
5	锯轨机	K1260	台	1	
6	内燃钢轨钻孔机	NZG-31	台	1	
7	发电机	8kW	台	1	
8	钢筋弯曲机	GQ40	台	1	
9	钢筋调直机	QD-10	台	1	
10	钢筋切断机	GW40-1/2	台	1	
11	齿条起道机	JGQ、60 型	台	4	根据施工组织设计配备
12	滚轮	ϕ20～ϕ26mm; L-120mm	个	8	
13	灰斗	自制	个	6	

5.5 施工工序流程和操作要点

(1) 施工工序流程图(图 5.5-1)

(2) 操作要点

1) 基标测设

基底施工前需进行线路中线、基底混凝土高程、隔振器的位置、伸缩缝位置放线,并在盾构壁上,拉设护桩,现场标识清楚。底板线路中线桩可设置在线路中心。浮置道床基底高程根据设计轨面高程进行调整,施工时在盾构壁上弹出基底混凝土面高度线。见图 5.5-2。

2) 基底清理

土建结构的施工区域移交后,应先进行结构底板处理。马蹄形隧道及矩形隧道应按设计要求进行凿毛并清理。圆形隧道应将盾构管片底板螺栓孔内的淤泥等杂物清理干净,保证底板与道床的有效连接。见图 5.5-3。

3) 基底准备

① 对比实际检测与设计的底板标高,适当调整钢筋的加工尺寸。横、纵向钢筋的间距要严格按照图纸设计要求布置,误差≤20mm。纵向钢筋按 50d 搭接,同一断面接头率不大于 50%。基底钢筋加工完成后,由人工运输至施工点后,现场绑扎,曲线段要注意曲线方向及水沟预留。绑扎钢筋笼要按要求保证钢筋的保护层。见图 5.5-4、图 5.5-5。

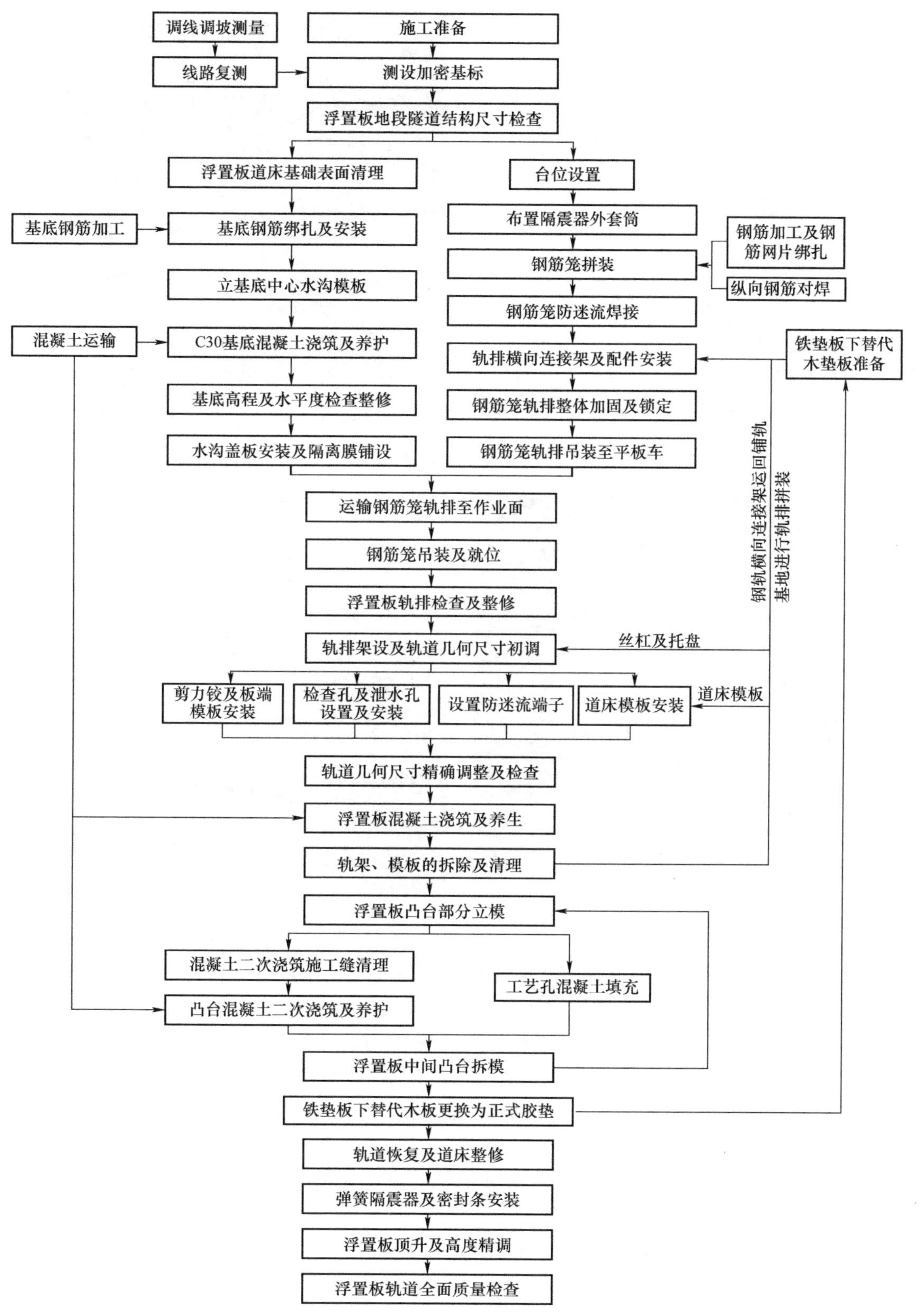

图 5.5-1 施工工序流程图

图 5.5-2　基标测设

图 5.5-3　基底凿毛

图 5.5-4　基底钢筋绑扎

② 矩浮置道床基底水沟模板可采用矩形钢模或木模，循环使用。模板安装必须平顺，位置正确，并牢固不松动，以防灌注混凝土时模板移位。见图 5.5-6。

③ 混凝土施工前在水沟模板上进行相应的保护措施，避免混凝土进入模板内。基底顶面收面应根据轨顶设计标高向下返一定高差值控制，注意曲线同直线、曲线内侧与曲线外侧高程的差异。需注意水沟两侧的基底顶面在同一平面上，杜绝“梯田”现象出现。基底混凝土浇筑质量要求：垂直方向标高误差要求为 0～－5mm。安装隔振器的位置的基面平整度要求为：±2mm/m^2。基底需设置伸缩缝，具体要求见图纸，伸缩缝施工方法同普通整体道床。见图 5.5-7。

④ 基底高程及平整度检查、整修

基础混凝土浇筑完毕后，重新复查基底混凝土面高程，对于偏差尺寸超过设计要求的地段进行整修。

整修办法：基底混凝土面高于设计高程时，用打磨机对超出隔振器外套筒底部尺寸

100mm 范围内进行打磨。打磨过程中随时进行检查，直到达到设计高程；基底混凝土面低于设计高程时，对隔振器外套筒 100mm 范围内进行凿毛，并进行修补填高。注意严禁采用在基础垫层表面局部垫高或挖深的方法来满足隔振器放置要求。

图 5.5-5 基底钢筋焊接

图 5.5-6 基底模板安装

图 5.5-7 基底混凝土施工

4）基底水沟盖板安装和隔离膜铺设

① 隔离膜铺设之前，必须保证基础面清扫干净，混凝土基础上无尖角或不平整且强度不小于 70%，隔离膜采用横铺方式进行铺设（垂直于线路方向铺设）。铺设后其上不能存放钢筋、钢轨、施工机具及轨排等重型物品。铺设后的减振垫上尽量避免运行手推车，手推车运行过程中严禁急刹、急转等过猛动作。严禁任何机动车辆通过。施工过程中厂家会配备一名技术人员驻场进行施工指导。

② 基底施工并整修完毕后，将混凝土表面、基底水沟中的杂物应全部清理干净，然后再根据图纸设计尺寸布设水沟盖板，盖板中心线与水沟中心线要重合。

③ 两块盖板接缝处须焊接牢固。水沟盖板需在浮置板道床板缝处断开。在盖板上依据设计要求的长度和间距布设锚固钢筋，并焊接牢固。见图 5.5-8。

④ 隔离膜宜沿线路纵向铺设，先铺线路中心部分，再铺设两侧墙部分，各接缝处应

进行重叠搭接，搭接量不小于100mm，且尽可能错缝布置，不要出现接缝沿纵向集中的现象。

⑤ 隔离膜接缝不能落在水沟盖板上，应远离盖板100mm以上。水沟盖板上的锚固筋穿透隔离膜处要进行封胶处理，防止浇筑混凝土时漏浆。隔离膜两侧宽出部分每隔一定距离用粘胶固定在两侧模板外侧，防止其在施工中产生滑移。见图5.5-9。

图5.5-8　水沟盖板焊接安装

图5.5-9　隔离层铺设

⑥ 水沟盖板的铺设地下线隧道内隔离膜铺设前需在基底中心水沟位置铺设水沟盖板，材质采用钢板，钢板厚度3mm，宽度450mm，施工时设置于中心水沟上，通长焊接，防止混凝土浇筑时因混凝土自重将减振垫凹陷于水沟内。钢板焊接时，在检查孔位置进行割口。

5）钢筋加工、绑扎及焊接

① 钢筋的加工，施工前根据施工图纸及资料，对钢筋的品种、级别、规格、数量，确认无误后，方可组织施工钢筋加工，对弯曲的钢筋应进行调直后进行加工。

② 钢筋网的布设在轨道初调完毕后，进行道床内钢筋的绑扎，按照设计图纸要求布置钢筋间距。伸缩缝、观察孔处纵向钢筋断开，观察孔处设置加强筋；岔区道床纵向钢筋遇轨枕其间距可适当调整。

③ 当所有隔振器外套筒放好并固定后，根据设计图纸绑扎钢筋和安装剪力铰，剪力铰定位要准确。在隔振器周围绑钢筋时，要注意避免移动外套筒。为防止浇注混凝土时外套筒移动和浮起，可以把外套筒的吊耳和上部的结构钢筋绑扎在一起。

④ 支立浮置板的侧向模板，用泡沫板等材料放置于两相邻浮置板之间的端模内，用以形成构造缝。在绑扎钢筋前要检查塑料隔离膜，对破损处要做修补处理。绑扎结构钢筋和杂散电流钢筋时，要按照整体道床杂散电流做法要求将杂散电流接头引出。见图5.5-10。

6）放置外套筒

外套筒要根据图纸要求放置在相邻（轨道下）垫板的间隙内，这样可方便以后进行隔振器的检查。外套筒放好后，用硅胶等胶凝材料把基础环密封好，以保证外套筒的位置并防止水泥浆渗漏。见图5.5-11。

图 5.5-10 浮置板主体钢筋绑扎

图 5.5-11 隔振器套筒安装

7）轨排拼装、运输

① 轨排拼装、吊装、运输此处不再赘述；

② 轨道车将装有轨排的平板列车顶送至道床混凝土强度达到70%以上的地段，再用2台铺轨龙门吊将轨排吊运至安装位置。见图 5.5-12。

图 5.5-12 轨排架设就位

8）架设钢轨

钢轨用专用的支撑架支撑。支撑架横梁不应侵入浮置板道床面，并有足够的刚度以保证施工期间轨道状态的保持。轨道及扣件施工验收合格后方可进行钢筋的绑扎等后续工作。

9）轨道几何尺寸精调

通过钢轨支撑架支腿螺旋依据铺轨基标精调轨道几何状态，用万能道尺、方尺、L形尺、锤球等工具，按设计和规范要求调整轨道的轨距、水平、高程、方向等几何尺寸。曲线地段还须增加对曲线外股正矢的调整及检查。具体轨道调整做法是：先调水平，后调轨距；先调基标部位，后调基标之间；先粗后精，反复调整。其精度必须符合《铁路轨道工程施工质量验收标准》TB 10413—2018 要求。见图 5.5-13。

10）模板支设及混凝土浇筑

① 模板安装必须平顺，位置正确，并牢固不松动。模板安装完成后要报请监理组织隐检，认定符合要求后方可灌筑混凝土。模板安装质量要求：高度偏差不大于±5mm，宽度偏差不大于±5mm，位置偏差不大于±3mm，中线偏差不大于2mm，表面不平整度不大于2mm。支立模板时，需有方木支撑，特殊地段视具体情况可适当加密支撑，以防灌注混凝土时跑模、胀模。模板支好后，应保持其在线路中线方向上平顺，接头处必须平整牢靠，不漏浆（可考虑用塑胶带粘贴）。见图5.5-14。

图5.5-13 轨道几何尺寸调整

图5.5-14 浇筑前扣件保护

② 浮置板的混凝土应浇筑到设计高度，应有可靠措施控制浇筑高度，并根据设计要求抹出横向坡度。注意这时浮置板的上表面要比设计表面低（预留出顶升的高度）。道床的浇筑不得中断，以免削弱浮置板的强度。运用插入式混凝土振捣棒严格按照振捣规程操作，确保混凝土的浇筑质量，注意套筒周围应加强振捣。清理隔振器盖板，确保外套筒盖上无混凝土。混凝土浇筑后要进行2周的洒水养护，确保混凝土质量。见图5.5-15。

11）浮置板顶升工艺

① 现场清理及密封

拆除浮置道床周围所有模板，切除多余隔离膜，全面清理浮置道床范围内的杂物。采用专供的密封条将板与结构壁间缝隙、板间缝隙覆盖，注意密封条中线与缝隙中线对齐，扁钢及密封条须顺直平整。线路方向密封条使用扁钢压条将其固定在板外侧相邻混凝土结构上；板间缝隙需用扁钢压条将密封条两侧分别固定在相邻两板上，固定水泥钉或膨胀螺栓间距为200mm。具体实施由现场技术人员确定。见图5.5-16。

② 测量点布设

为了测量浮置道床水平和静变形，在每块浮置板道床两侧，按加密基标位置每5m布设一对测量点，布置在钢轨外侧不受影响的部位，固定牢固并编号。在顶升前将每点与浮置道床外的控制基标联测，记录每点初始高程，结果复核无误后归档保存。见图5.5-17。

③ 内套筒安装

内套筒搬运。内套筒为隔振器的核心部件且结构特殊，必须保证现场存放、搬运时轻拿轻放，严禁内套筒倾倒、倒置。

图 5.5-15 道床混凝土浇筑

图 5.5-16 道床混凝土清理

内套筒安装。打开外套筒顶盖，将隔离膜沿筒壁边缘切下并取出。检查筒内基底平整度，不满足±2mm/m^2 要求的需打磨平整，将打磨碎屑全部清出。使用湿抹布将基底表面擦拭干净，确定无粉尘残留。

使用专用工装和水钻在需要安装水平限位器的隔振器基础中心钻孔，直线地段间隔（曲线地段全部）布设隔振器水平限位装置，钻设水平限位孔、锚栓孔至规定深度并清除钻孔产生的全部碎屑，安装膨胀螺栓然后旋入水平限位器。

使用夹运工装将内套筒竖直放置在外套筒内基底上，内套筒底部限位孔与水平限位器完全对应，逆时针旋转内套筒，使其内套筒旋转到指定位置为止，使用专用丁字扳手松除 M16 预紧螺栓并取出。见图 5.5-18。

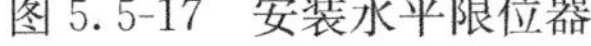

图 5.5-17 安装水平限位器

图 5.5-18 内套筒安装

④ 顶升

利用放在隔振器上的液压千斤顶的液压柱塞顶住内套筒顶板，由压差控制的压力作用在顶板上并传递到隔振器下方的基底上，由基底产生的反作用力抬起浮置道床。考虑到浮置道床和剪力铰的受力，浮置道床分 3 步顶升，最后达到设计的顶升高度。

将隔振器顶升夹具装置用 M24 螺栓紧固上，利用放在隔振器上液压千斤顶的液压柱塞及万向球节顶住内套筒顶部中心，三爪分别扣入各承载挡块的凹槽并逆时针充分旋转到位；启动顶升油泵将内套筒向下压缩，在每个承载挡块下分别放入各循环规定厚度的调整垫片，此为一个循环。

从浮置板的一端向另一端依次完成上述施工。前 3 循环分别放入厚度 16mm、10mm、5mm×2 垫片，结束后即进行板面标高量测。第 4 循环根据测量结果由我方技术人员确定放入垫片高度。3～4 个循环顶升结束后实测浮置板上每个测量点的高程，与初始高程复核并归档保存，此测量数据作为轨道精调及日后运营维护的参考依据。见图 5.5-19。

图 5.5-19　浮置板顶升

⑤ 收尾工作

安装锁紧板，并拧紧 M16 定位螺栓。盖上外套筒顶盖，上紧顶盖 M8 紧固螺栓，并将三个 M24 螺孔拧上橡胶塞，避免杂物进入，破坏弹簧隔振器。清理浮置道床表面，将多余配件、杂物等移除。见图 5.5-20、图 5.5-21。

图 5.5-20　外套筒安装

图 5.5-21　钢弹簧浮置板施工完成效果图

5.6 施工质量标准

（1）严格按照设计图纸进行施工，听从业主、服从驻地监理的意见。

（2）混凝土施工按卸料、入模、振捣及收面进行分工，定人定岗，建立岗位责任制。混凝土施工班组建时，选择有丰富混凝土施工经验的技术工人。

（3）采取措施保证混凝土自由倾落高度＜2m，最前端设置水平溜槽，防止混凝土产生离析。

（4）混凝土采用振捣器振捣，振捣时间不小于30s并达到三个条件结束振捣：①混凝土表层开始泛浆；②不再冒泡；③混凝土表面不再下沉。

（5）混凝土灌筑应连续进行，间歇不超过规范规定的时间。

（6）混凝土初凝前进行混凝土面的提浆、压实、抹光工作，初凝后终凝前进行二次压光，以提高混凝土抗拉强度，减少收缩量，收光后12h以内对混凝土加以覆盖和浇水。

（7）应能保持混凝土处于湿润状态。

（8）混凝土强度未达设计要求强度前，严禁在结构表面堆积载重物；对结构不同部位，采取不同拆模时间，禁止拆模过早。

（9）道床钢筋的制作、运输和安装过程中，应采取措施防止变形，现场安装时有垫块或垫板进行保护。

（10）灌注混凝土时，应采取措施固定钢筋网的位置、防止钢筋网片上浮。

（11）施工过程中要严格按照设计图纸进行，钢筋搭接、锚固及焊接应符合相关标准图集、标准规范的要求。

（12）中心水沟施工要保证结构面平顺性，不得出现倒排水或积水现象；中心水沟顺坡是施工的重点和难点，请施工单位在施工过程中严格控制。

5.7 安全、环保注意事项

（1）危险源辨识内容（表5.7-1）

危险源辨识与风险评价一览表 **表5.7-1**

单位：						
专业名称：轨道工程						
序号	工序名称	危险源	可能导致的事故	危险源级别	现有控制措施	备注
1	钢弹簧浮置板道床施工	钢筋焊接	人身伤害	Ⅴ	特种作业人员持证上岗、穿戴好防护用品	
2		施工区域前后未设置防护员	人身伤害	Ⅴ	增设防护员	

注：判别依据：Ⅰ.不符合法律法规及其他要求；Ⅱ.曾发生过事故，仍未采取有效控制措施；Ⅲ.相关方合理抱怨或要求；Ⅳ.直接观察到的危害；Ⅴ.施工条件危害评价（LEC法）

（2）安全注意事项

1）施工区域两端应设置信号灯，施工牌。

2）施工区域两端设置防护员进行防护。

3）进场施工必须进行安全技术交底及安全技术培训。

4）轨行区施工须申请A类工作票施工。

5）在规定的施工时间内完成测量并撤离轨行区。

6）轨排拼装：吊运钢轨和枕木途中，下方严禁站人；大龙门吊操作手与轨排拼装人员对讲机联系，实时沟通；安装紧固弹条过程中，前方严禁站人。

7）轨排存放：轨排组装完成后用龙门吊机吊运到指定地点堆放或装车，并按铺设顺序注明轨节编号。轨排装车时，最多装三层，先铺的装在上面，后铺的装在下面。

（3）环保注意事项

1）施工工器具材料需及时回收，不得随意丢弃，减少环境污染。

2）施工完毕做到场清料净。

3）减少噪声污染，施工过程中，混凝土浇筑控制与住宅区的距离。

第六章　隔离式减振垫道床预制装配施工

6.1　适用范围

适用于城市轨道交通隔离式减振垫道床预制拼装施工。

本节以国内具有代表性的用于城市轨道交通隔离式减振垫道床预制拼装施工工艺介绍，供施工单位对照参考。

6.2　施工内容

隔离式减振垫道床预制拼装施工内容主要有：预制模具设计与制造、基标测设、预制板运输定位、钢轨扣件安装、灌注混凝土、轨道几何尺寸调整、安装吸声板。

6.3　主要施工技术标准

(1)《地下铁道工程施工质量验收标准》GB 50299—2018；

(2)《地铁设计规范》GB 50157—2013；

(3)《城市轨道交通工程测量规范》GB/T 50308—2017；

(4)《混凝土结构工程施工质量验收规范》GB 50204—2015；

(5)《铁路轨道工程施工质量验收标准》TB 10413—2018；

(6)《钢筋焊接及验收规程》JGJ 18—2012；

(7)《施工现场临时用电安全技术规范》JGJ 46—2005。

6.4　施工准备

土建单位主体结构已完成（轨顶风道、站台板、区间联络通道）满足设计强度要求，车站、隧道等主体结构已通过净空限界检测和线路中线及水平贯通测量并满足设计要求，调线调坡资料已出，土建结构尺寸和防水符合设计要求并已验收，且办理了交接手续。

技术人员认真学习施工组织设计文件和施工标准，阅读、审核施工图纸，澄清有关技术问题，熟悉规范和技术标准。制定施工安全保证措施，提出应急预案。根据施工标准、施工设计图纸和现场情况编制实施性更强的施工安全技术交底文件，完成对施工人员安全技术交底。参加施工的人员已完成上岗前三级安全教育培训，考试合格后持证上岗。

使用的仪器、仪表、设备经具备国家级检验资质的检测机构的检验，并贴有“检验合格证”的标识，且在有效期内。

测量工作由测量工程师负责，交接桩必须留有签认记录，严格执行资料交接制度，所有资料（含向业主、监理及第三方测量等单位提交的导线复测成果、控制基标成果、测量放样成果等）通过“交接单”的方式进行资料交接，对于各种可能遇见的问题要有充分的了解和认识，并邀业主、监理和设计人员参加。

以一个铺轨基地（6～9 正线公里）的钢弹簧预制板道床施工为例，按照表 6.4-1～表 6.4-3 的要求，做好人员配置、施工机具、机械设备配置的准备工作。

（1）劳动力组织（表 6.4-1）

劳动力组织表　　　　**表 6.4-1**

序号	人员	单位	数量	备注
1	施工负责人	人	1	
2	技术负责人	人	1	
3	领工员	人	3	
4	质量员	人	1	
5	安全员	人	1	
6	试验员	人	1	
7	材料员	人	1	
8	技术员	人	2	
9	施工人员	人	30	根据人员技术水平进行调整

（2）施工机具（表 6.4-2）

施工机具表　　　　**表 6.4-2**

序号	名称	规格	单位	数量	备注
1	调轨支架/调轨爪	2 孔用于普通枕	套	80	
2	接头夹板及螺旋	60kg/m	套	4	
3	撬棍	7kg×1.5m	根	5	
4	翻轨器	1460×200×140	根	5	
5	万能道尺	JTGC3A	把	1	
6	方尺	HT200-250	把	1	
7	支矩尺	1400 支距尺	把	1	
8	基标尺	L 形	把	1	
9	正矢线盒	20m	个	1	
10	钢卷尺	5m	个	1	
11	钢板尺	30cm	个	1	
12	徕卡全站仪	TS16A-1	台	1	
13	徕卡全站仪	TS60	台	1	
14	南方轨检小车	SGJ-T-NF	台	1	
15	天宝电子水准仪	Trimble DiNi03	台	1	
16	徕卡光学水准仪	NA730	台	1	

（3）机械设备配置（见表 6.4-3）

机械设备配置表 表 6.4-3

序号	名称	规格	单位	数量	备注
1	基地龙门吊	10t-24m	台	2	
2	锯轨机	K1260	台	1	
3	内燃钢轨钻孔机	NZG-31	台	1	
4	发电机	8kW	台	1	
5	齿条起道机	JGQ、60 型	台	4	根据施工组织设计配备
6	滚轮	ϕ20—ϕ26mm；L-120mm	个	8	
7	汽车吊	50t	辆	2	
8	载重卡车	2t	辆	4	
9	混凝土振动台	3m×4m（磁力型）	台	1	
10	自动张拉机	ATM-300	台	1	
11	机械式脱模机	TMJ-200	台	1	
12	张拉力均匀性检测仪	LYJ-100	台	1	

6.5 施工工序流程和操作要点

（1）施工工序流程图（图 6.5-1）

（2）施工准备

施工前做好现场调查，组织线路底板复测验收，备齐设计文件、技术标准和规范，编制道床实施方案和安全保证，经计算确定工装等工器具规格尺寸，预先进行模拟试验，通过实践，掌握施工作业要领。

（3）BIM 三维建模

利用 Onuma Planning System、Affinity 等 BIM 方案设计软件，AutodeskRevit、Bentley、ArchiCAD、CATIA 等 BIM 核心建模软件，配合 FoolEngineer 软件对钢弹簧浮置板预制装配施工全过程建模，组织项目管理人员收集分析管理过程中存在的管理漏洞，组织经验丰富的管理人员，优化项目的管理方法，配合 BIM 咨询公司根据项目管理需求更改系统平台，并上线使用。见图 6.5-2、图 6.5-3。

（4）隔离式减振垫预制

在预制浮置板工厂完成钢筋笼绑扎，预埋件埋设，钢筋笼吊装与位置调整，混凝土浇筑，振捣预制板蒸汽养护预制板脱模、吊运与水养、湿养预制板运输与存放等工序完成预制钢弹簧浮置板短板。见图 6.5-4。

（5）基底施工

1）CPⅢ 轨道基础控制网布设

CPⅢ控制点采取预埋方式布设，平面和高程同点，间隔 40～60m 设置一对点，特殊地段（小半径曲线处、变断面处等）按 20～30m 设置。点位设置高度不低于钢轨顶面 0.8m，左右一对点大致等高，纵向里程差应小于 1m，控制点应设置在稳固、可靠、不易破坏和便于测量的地方，并应防冻、防沉降和抗移动，控制点标识要清晰、齐全、便于准确识别和使用。见图 6.5-5、图 6.5-6。

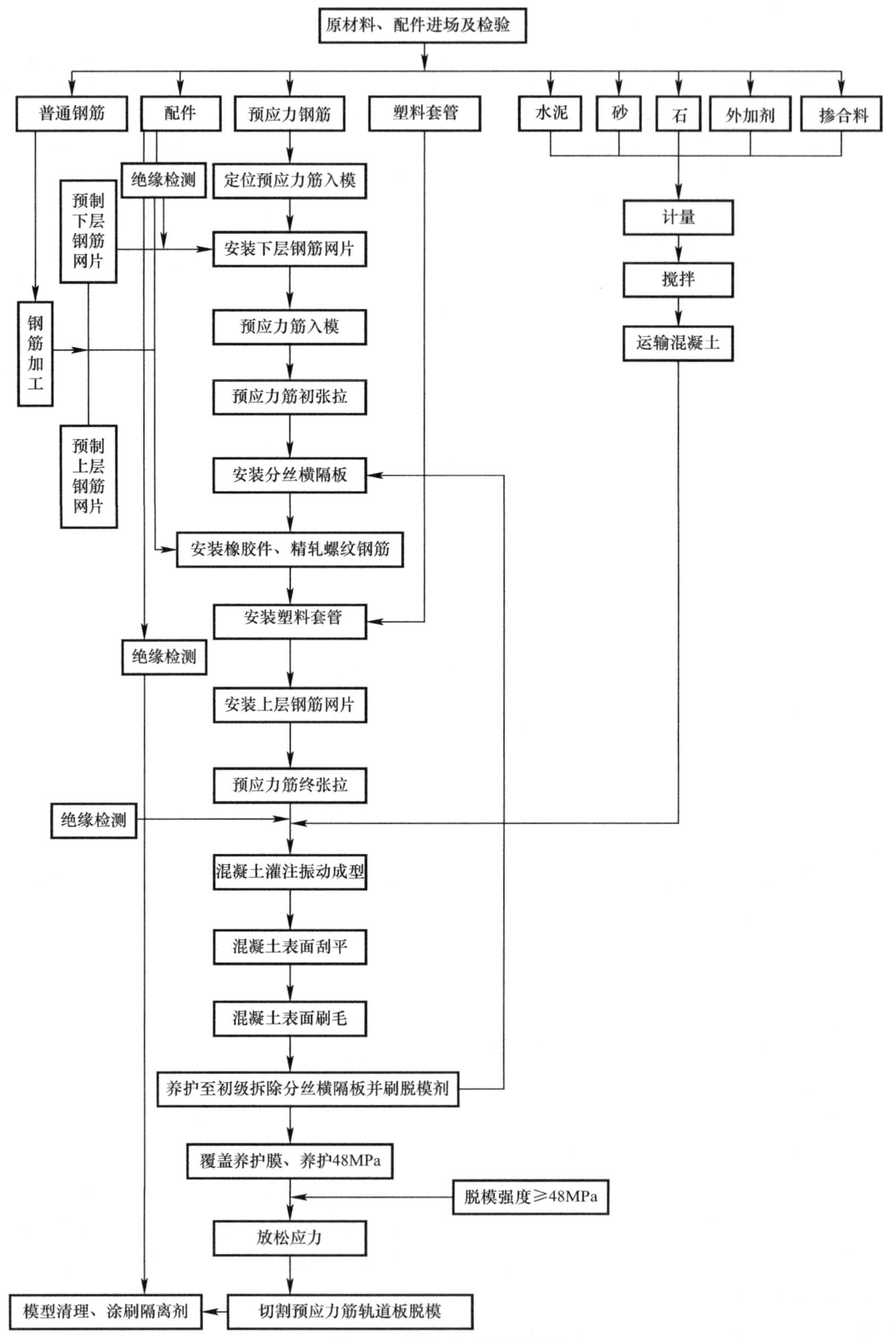

图 6.5-1　施工工序流程图

图 6.5-2 预制板平板图

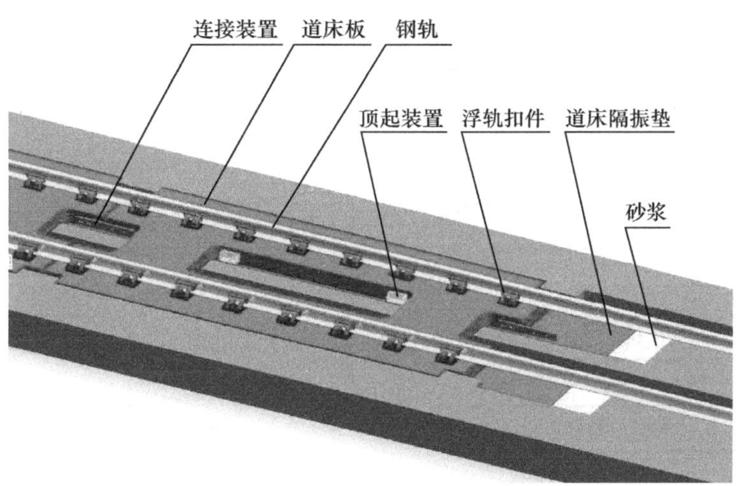

图 6.5-3 预制板模拟图

图 6.5-4 预制板生产运输

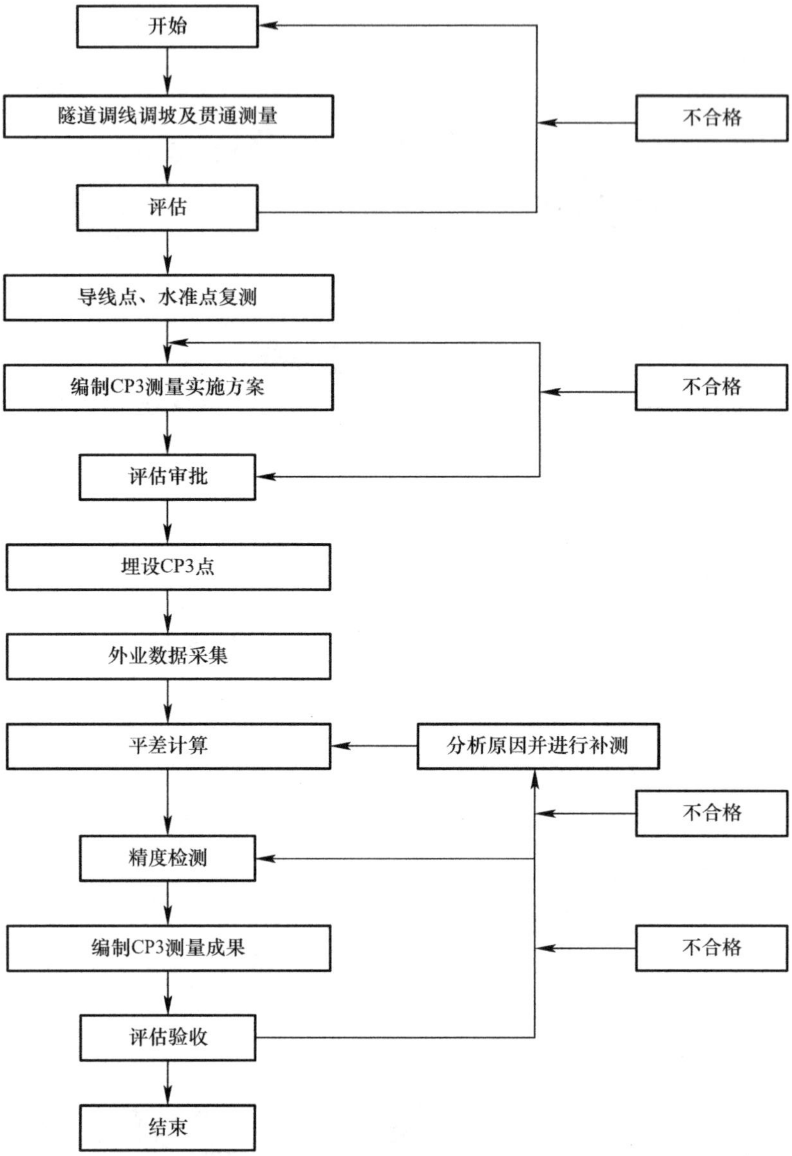

开始
隧道调线调坡及贯通测量
不合格
评估
导线点、水准点复测
编制CP3测量实施方案
不合格
评估审批
埋设CP3点
外业数据采集
平差计算
分析原因并进行补测
不合格
精度检测
编制CP3测量成果
不合格
评估验收
结束

图 6.5-5　CPⅢ轨道基础控制网工艺流程

CPⅢ
CPⅢ
CPⅢ
CPⅢ
说明：红色线条为CPⅢ平面控制网相邻测站间连接区域
CPⅢ控制点
自由设站点

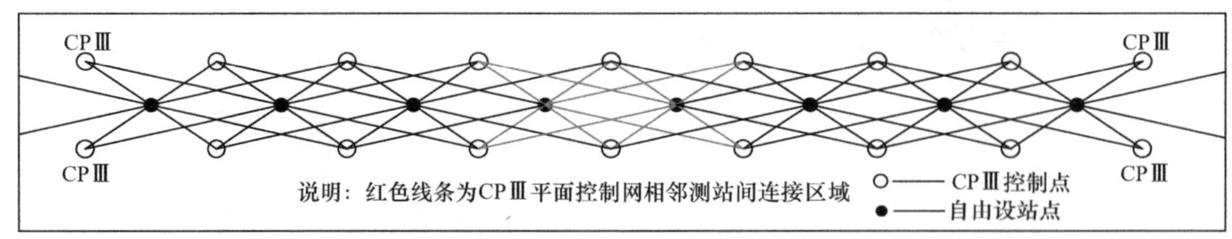

图 6.5-6　CPⅢ轨道基础控制网形式

2）基底清理

清理基底结构杂物，对结构地面进行密集凿毛，凿毛后对杂物进行清理，并用高压水或高压风冲洗底板。避免其他单位污水进入，做好防护措施。

3）基底施工

① 钢筋绑扎及安装

基底钢筋在铺轨基地加工，轨道车运输至作业面，现场按照基底找平层配筋图进行人工散铺作业。现场钢筋绑扎需注意水沟模板的预留，保证下道工序施工的顺利进行。

② 设置基底伸缩缝及中心水沟模板

基底混凝土伸缩缝沥青板设置时，注意基底伸缩缝位置避开隔振器位置，沥青板用量约 20m²。混凝土施工前，需进行水沟模板的立模，按设计位置设置基底排水沟。

③ 基底混凝土浇筑及养护

浇筑混凝土时必须进行振捣，振捣时间不少于 30s，并达到以下三个条件：a）混凝土表面开始泛浆；b）不再冒泡；c）混凝土表面不再下沉。混凝土摊平后用不小于 1m 长的铝合金尺将混凝土面刮平。混凝土浇筑完成后 12h 内及时覆盖土工布，并及时进行洒水养护，养护时间为 7d。

4）基底高程及平整度检查、整修

基础混凝土浇筑完毕后，根据在盾构壁上定出的点用线绳重新复查基底混凝土面高程，对于偏差尺寸超过设计要求的地段进行整修。

5）铺设减振垫

基底混凝土浇筑完毕后，减振垫铺设于基底上部，根据预制板减振垫浮置板的位置调整减振垫位置，并进行固定。见图 6.5-7。

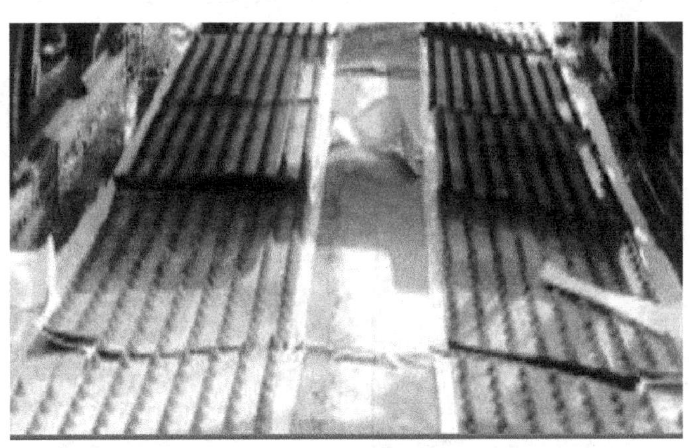

图 6.5-7 减振垫铺设

（6）预制板吊装运输

采用钢丝绳穿过预制板吊点，将预制板运输至轨排井下轨道车平板上，轨道车推进预制板至铺轨门吊下，通过铺轨门吊吊运预制板，至施工作业面。见图 6.5-8。

（7）预制板定位

根据 CPⅢ控制网已布设点位，调整预制板中心线及前后位置，确保预制板中心线同设计轨道中心线的重合、预制板的前后位置同测量的板端线重合。见图 6.5-9。

（8）钢轨扣件安装

因预制板较短，所以将钢轨、扣件通过轨道车平板运输至作业面，先安装按照线路设计的扣件间距将 DTⅢ2 型扣件安装在预制板上，再根据轨节表将所配号的钢轨安装在预制板的扣件上，并紧固螺栓。

图 6.5-8　预制板吊装运输就位

（9）预制板测量精调

根据 CPⅢ控制网结合轨检小车对预制板轨距、水平、高程、方向等几何尺寸进行调整，调整轨道几何状态，用万能道尺、方尺、L 形尺、锤球等工具，按设计和规范要求调整轨道的轨距、水平、高程、方向等几何尺寸。经过精调后，其精度必须符合无砟轨道铺设的技术标准要求及图纸规范要求。其精度允许偏差应符合规范要求。调整后轨顶应比设计标高调低 30mm，预制板道床顶升 30mm 后，轨顶便达到了设计标高。施工中严格按照“三步控制”的措施确保轨道的几何状态。见图 6.5-10。

图 6.5-9　预制板精调

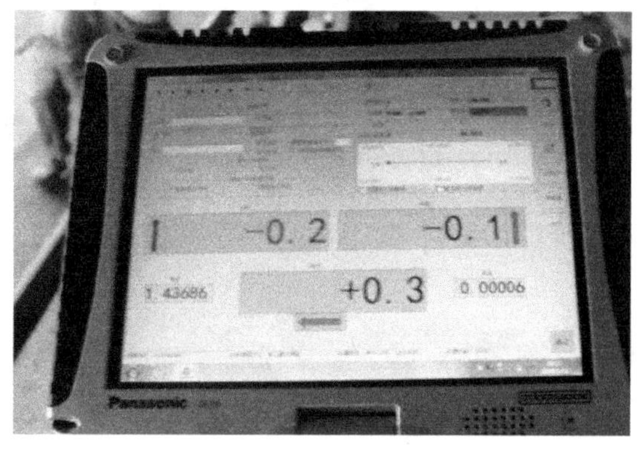

图 6.5-10　预制板精调

（10）轨道板预湿

由于轨道板是混凝土构成，极易吸水。灌注时，混凝土将会把自密实混凝，土中的自由水吸附到混凝土空隙中并置换出空气，使自密实混凝土内部产生较大的气泡。

轨道板预湿采用旋转喷嘴或手枪式喷枪施工，在灌板前 1h 分别从三个灌浆孔伸入轨道板进行雾状喷射，足够湿润的标志是表面稍微潮湿。预湿时应注意不得在隔离层表面形成明水、积水。灌注混凝土前 10min 再检查一次轨道板下方的混凝土底座表面状况，查看其表面是否有积水和雾化不彻底等现象。预湿有积水或者不预湿都会严重影响灌注质量。

（11）灌注混凝土

1）自密实混凝土入模前，应检测混凝土拌合物的温度、坍落扩展度、T_{50}和含气量。

2）对于预留灌注口的板，自密实混凝土宜从轨道板预留灌注孔进行灌注，两侧模板上预留排气孔，以利于灌注时排除空气。灌注时应通过料仓及连接料仓的下料管注入，自由倾落高度不宜大于1.0m。自密实混凝土灌注速度不宜过快，宜采取慢-快-慢方式灌注，应保证下料的连续性和混凝土拌合物在轨道板下的满空间连续流动。

3）对于未预留灌注口的无砟轨道板，可通过侧模板上预留灌注槽进行单侧灌注，灌注时应通过漏斗及连接料仓的下料管注入灌注槽内，当灌注槽内混凝土量-定时，控制操作阀门，开启灌注槽使自密实混凝土在轨道板下形成与轨道板准长度相当的一侧灌注形式。自密实混凝土灌注速度不宜过快，宜采取慢-快-慢方式灌注，应保证下料的连续性和混凝土拌合物在轨道板下的满空间连续流动。

4）泵车操控人员注意控制混凝土出料速度，料仓有专人观察混凝土面高度，发现泵车送料速度过快或过慢时，应及时通知泵车操控人员调整泵送速度。应有专人控制蝶阀流速，防止局部混凝土溢出。

5）通过下料管口模板内混凝土下降情况和在灌注口另外一侧用木棒触探混凝土流动到的部位，随时检查混凝土在轨道板下的流动情况，当流动情况不良时及时进行调整混凝土下料速度。灌注完毕后，灌注槽模板内多余混凝土应及时清除。

6）一块板灌注结束后，推移料仓进行下一块轨道板灌注。当浇筑时间间隔大于2h，应及时清洗料仓及送料管道。见图6.5-11。

图6.5-11　灌注混凝土

（12）安装吸声板

清理各种污物，为了降低地下线车厢内噪声的影响，按设计要求铺设道床吸声板。运输、装载吸音板时不得随便抛掷，进场时，会同监理对型号、外形、外观进行验收。合格后，依次进行安装。见图6.5-12。

图6.5-12　吸声板安装

6.6 施工质量标准

（1）钢筋加工与安装

1）钢筋的表面应洁净，使用前应将表面油渍、漆污、锈皮等清除干净；钢筋应平直，无局部弯折。

2）钢筋的绑扎与焊接应按设计图纸的要求进行，焊接钢筋的质量验收内容和标准应按照验收规范的规定执行。

3）钢筋应按图纸所示的位置准确安装，并用标准的支承将钢筋牢靠地固定好，使其在浇筑过程中不致偏移。禁止将钢筋放入或插入已浇筑但尚未凝固的混凝土中。

（2）预制板混凝土浇筑

1）搅拌混凝土前，应严格测定粗细骨料的含水率，准确测定因天气变化而引起的粗细骨料含水率变化，以便及时调整施工配合比。一般情况下，含水率每班抽测 2 次，雨天应随时抽测，并按测定结果及时调整混凝土施工配合比。

2）在炎热季节灌注自密实混凝土时，应避免模板和混凝土直接受阳光照射，保证混凝土入模前模板和钢筋的温度以及附近的局部气温均不超过 50℃。

3）在低温条件下（当昼夜平均气温低于 5℃或最低气温低于－3℃时）灌注自密实混凝土时，应采取适当的保温防冻措施，保证混凝土抗压强度达到设计强度的 30％之前不得受冻。

4）在相对湿度较小、风速较大的环境下灌注自密实混凝土时，应采取适当的挡风措施，防止混凝土失水过快。

5）在自密实混凝土灌注过程中，应按要求取样制作混凝土强度、弹模和耐久性试件，试件制作数量应符合相关规定。

6.7 安全、环保注意事项

（1）危险源辨识内容（表 6.7-1）

危险源辨识与风险评价一览表 **表 6.7-1**

单位：						
专业名称：轨道工程						
序号	工序名称	危险源	可能导致的事故	危险源级别	现有控制措施	备注
1	隔离式减震垫道床预制板施工	预制板吊床	人身伤害、物体打击、机械伤害	V	穿戴好防护用品、严格遵守操作规程	
2		施工区域前后未设置防护员	人身伤害	V	增设防护员	

注：判别依据：Ⅰ．不符合法律法规及其他要求；Ⅱ．曾发生过事故，仍未采取有效控制措施；Ⅲ．相关方合理抱怨或要求；Ⅳ．直接观察到的危害；Ⅴ．施工条件危害评价（LEC 法）

（2）安全注意事项

1）施工区域两端应设置信号灯，施工牌。

2）施工区域两端设置防护员进行防护。

3）进场施工必须进行安全技术交底及安全技术培训。

4）轨行区施工需申请A类工作票。

5）在规定的施工时间内完成测量并撤离轨行区。

6）吊装作业时，应有专人进行指挥，要经常检查钢丝绳、吊钩、夹具等的安全状况，吊臂下及吊装范围内严禁站人。拆装、起吊工具轨时，必须使用专用吊具并平稳操作，防止工具轨变形和轨枕损坏。吊装时应防止损坏上部的接触网线。

7）专用设备操作人员必须经过培训并持证上岗。严格按操作规程进行操作并定期保养设备。

8）夜间施工时应保证照明亮度，防止损伤人员及设备。

9）罐浆作业人员应戴安全帽，防止高空坠物伤人。

（3）文明环保注意事项

1）施工人员遵纪守法、文明用语、文明施工、尊重地方性民风、民俗。

2）现场临时用水、用电布置编制专题方案，并按专题方案实施。

3）现场设有安全文明施工标语。现场安全标志牌（挂在需要的合适位置）与标志平面图相符。

4）工完料清，以保证施工现场的清洁及其他材料的堆放。材料、构件、料具按总平面图分类进行布置。

5）废弃混凝土及水泥浆液必须按照规定集中统-处理，严禁随意排放污染环境。

6）施工作业时要对所有生活和生产废水经过过滤、沉淀后集中处理。施工营地设置集中垃圾收集地，设专人管理，经无害化处理后排放，定期填埋，严禁就地焚烧。

7）针对施工过程中产生的噪声，对动植物和人体损害均较大，为了保护环境，应尽量减少噪声污染。机械设备使用低噪声发动机。

8）现场派专人负责现场及附近街道的清扫。

第七章　碎石道床

7.1　适用范围

适用于城市轨道交通车辆段、停车场碎石道床道床施工。

本节以国内具有代表性的用于城市轨道交通车辆段、停车场碎石道床工艺介绍，供施工单位对照参考。

7.2　施工内容

车辆段、停车场碎石道床施工内容主要有：线路测量，底砟铺设，轨排拼装，轨道起道整修等主要施工指导等。

7.3　主要施工技术标准

（1）《地下铁道工程施工质量验收标准》GB 50299—2018；

（2）《地铁设计规范》GB 50157—2013；

（3）《城市轨道交通工程测量规范》GB/T 50308—2017；

（4）《混凝土结构工程施工质量验收规范》GB 50204—2015；

（5）《铁路轨道工程施工质量验收标准》TB 10413—2018；

（6）《钢筋焊接及验收规程》JGJ 18—2012；

（7）《施工现场临时用电安全技术规范》JGJ 46—2005。

7.4　施工准备

土建单位路面基础已施工完成，压实度符合要求，结构尺寸符合设计要求，并办理了交接手续。核对设计文件，与设计部门交接桩完毕，了解线路平面状况及其他建筑物之间的关系，了解地形情况，以便确定测量方法。

以一个铺轨基地（6～9 正线公里）的单个碎石道床散铺施工为例，按照表 7.4-1～表 7.4-3的要求，做好人员配置、施工机具、机械设备配置的准备工作。

（1）人员配置（表 7.4-1）

人员配置表　　**表 7.4-1**

序号	人员	单位	数量	备注
1	施工负责人	人	1	
2	技术负责人	人	1	

续表

序号	人员	单位	数量	备注
3	领工员	人	3	
4	质量员	人	1	
5	安全员	人	1	
6	试验员	人	1	
7	材料员	人	1	
8	技术员	人	2	
9	龙门吊司机	人	4	
10	施工人员	人	50	根据人员技术水平进行调整

(2) 施工机具(表 7.4-2)

施工机具表 **表 7.4-2**

序号	名称	规格	单位	数量	备注
1	调轨支架	2 孔用于普通枕	套	80	
2	接头夹板及螺旋	60kg/m	套	4	
3	撬棍	7kg×1.5m	根	5	
4	翻轨器	1460×200×140	根	5	
5	万能道尺	JTGC3A	把	1	
6	方尺	HT200-250	把	1	
7	支矩尺	1400 支距尺	把	1	
8	基标尺	L 形	把	1	
9	正矢线盒	20m	个	1	
10	钢卷尺	5m	个	1	
11	钢板尺	30cm	个	1	

(3) 机械设备配置(表 7.4-3)

机械设备配置表 **表 7.4-3**

序号	名称	规格	单位	数量	备注
1	基地龙门吊	10t-24m	台	2	
2	锯轨机	K1260	台	1	
3	内燃钢轨钻孔机	NZG-31	台	1	
4	发电机	8kW	台	1	
5	齿条起道机	JGQ、60 型	台	4	根据施工组织设计配备
6	滚轮	ϕ20—ϕ26mm;L-120mm	个	8	
7	汽车吊	50t	辆	2	
8	载重卡车	2t	辆	4	

7.5 施工工序流程和操作要点

(1) 施工工序流程图(见图 7.5-1)。

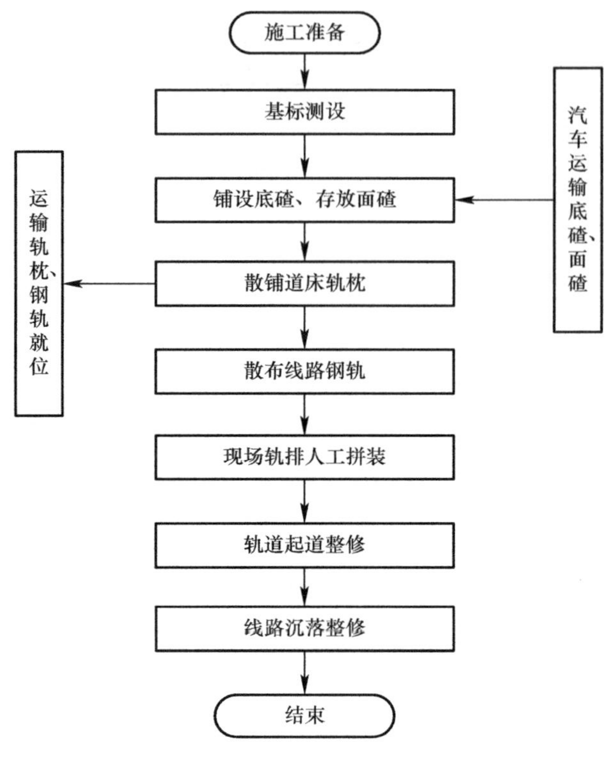

图 7.5-1　施工工序流程图

（2）操作要点

1）底砟铺设

① 铺砟利用装载机运输，一次铺足底砟并压实，预铺部分面砟。

② 铺轨前，先上一定数量的道砟，用自卸汽车将道砟运至铺轨地点后，成鱼鳞状堆放，再用装载机推平碾压密实，厚度按压实后比道床设计厚度低 5～7cm 摊铺。

③ 铺底砟：道砟采用汽车运输至施工现场，然后用推土机、平地机及人工将道砟整平。为保护路基，在道砟成型前严禁大型机械在路基上行走。底砟虚铺厚度为 24cm 左右，也可根据现场试铺试验段确定。

④ 底砟碾压：道床碾压选用小吨位自行式振动压路机（ZS06B)。道床分几道碾压，第一道稳压采用低碾压速度（≤2km/h），低频（≤20Hz）和低振幅（≤1mm）的振动碾压或静压，以防止砟粒位置产生过大变化而引起侧向移动；以后几遍碾压参数宜选用碾压速度为 3～4km/h，振动频率 30～50Hz，振幅为 1.5～2mm，碾压时从一侧开始至另一侧结束，并且前后碾压方向相反。

⑤ 铺面砟：底砟碾压合格后，再虚铺面砟，面砟虚铺厚度为 25cm 左右，也可根据现场试铺试验段确定。

⑥ 面砟碾压：面砟碾压施工方法与底砟施工方法基本相同，压路机压实轨下及其两侧各 50cm 范围内的道砟，并以人工配合进行局部整平，直到达到比设计标高低 3～5cm，道床顶面标高误差控制在－3～0cm。汽车在已成型底砟上行走，为减少对底砟的扰动，底砟和面砟的施工距离为 400m，并低速运行。见图 7.5-2。

2）现场轨排组装

① 钢轨从存轨基地运至现场，按轨节表逐对散开。轨枕由人工用架子车拉运散布，散布轨枕时，应根据已测设的线路中桩，用麻线或细铁丝挂好标线，划出轨枕中线，方正轨枕，使二者中线相互吻合。见图 7.5-3。

图 7.5-2 底砟铺设

图 7.5-3 散布钢轨

② 上轨枕时，应在一股钢轨轨腰内侧（曲线在外轨轨腰内侧），用白油漆标出 2.5m 轨枕摆放位置，用红油漆按轨节表标出 2.9m 轨枕摆放位置，方正轨枕，并与轨道中线垂直。

③ 锚固在施工现场锚固；施工前按照设计提供的配比进行试验，选定适合现场的施工配合比；抗拔试验须满足要求 ，否则重锚。硫磺锚固浆配合比由实验确定，抗压强度不低于 35MPa，道钉锚固后的抗拔力不低于 60kN。锚固采用特制的锚固架进行正锚，锚固材料必须符合《铁路轨道工程施工质量验收标准》的要求。

④ 按扣配件型号安装扣件，并用加力杆扳手紧固扣件，使扭矩达到 100～120N・m。

⑤ 用起道机起钢轨时，起道机应稳固地安放在道砟上，不得歪斜。起道机松扣下落时，施工人员手脚不得放在钢轨下。起道机用完后，应放在限界以外，严禁留在钢轨旁。

3）轨道起道整修

① 捣鼓机械施工时，必须事先拆除影响捣鼓的护轨，并应测定轨枕底的道砟厚度，厚度不足 150mm 时，不应进行捣鼓；曲线上外股超高设置较大时，应分次施工，每次起道超高增加值不得大于 30mm。

② 轨道状态调整要求符合一般整体道床要求。

③ 线路整修

轨道铺设好一段距离后，对线路进行初步整修，将直线拨直，曲线拨圆顺，并采用顺高低的办法，重点顺平道口，坑洼不平地段，使轨道不忽起忽落。整道时主要做补砟工作，将轨底吊板地段串实。施工采用人工配合小型捣固机进行。见图 7.5-4。

线路整修内容包括起道、拨道、整道与线路的检查。施工内容如下：

a. 起道：做到与设计纵断面规定的标高误差不超过＋50mm、－30mm。轨道水平前后高低符合验标规定，轨枕与线路中线垂直，其间距及偏斜误差不大于 40cm。

b. 找平小洼：使轨面达到平顺。

c. 捣固：做到钢轨接头处无暗坑吊板，其他处无连续暗坑吊板。

d. 拨道：达到直线远视正直，曲线圆顺，达到验标要求。

e. 填补轨枕盒内道砟；道砟面比木枕顶面低 30cm。

f. 整理道床：夯拍道床面，使道床横断面符合设计要求，道床边坡上下边缘整齐并于钢轨相平等。见图 7.5-5。

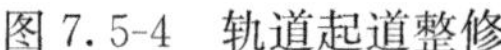

图 7.5-4　轨道起道整修

图 7.5-5　轨道起道整修

7.6　施工质量标准

（1）粒径（碎石）大于或小于规定尺寸者不得超过 5%，最大粒径：

① 标准碴 20～70mm，不得大于 100mm。

② 中碴 15～40mm，不得大于 70mm。

③ 细碴 3～20mm，不得大于 40mm。

④ 碎石中小于 0.1mm 的粉尘，不得超过总重量的 1%。

（2）韧度、耐冻、抗磨性能，符合部颁标准；整洁无土，无杂物。

（3）道床断面尺寸要求：符合设计要求，边坡整齐。厚度误差，不得超过±50mm。道床顶面：枕木应低于枕顶 30mm，钢筋混凝土枕中部 60cm 范围内，低于枕底 30mm。不同轨枕交接处，高差以道砟调整，顺坡不大于 2‰。

（4）道床整修：断面整齐，符合设计要求，边坡拍实，目视顺直，路肩及侧沟无散砟。

（5）成品防护：道床应经常饱满，均匀和整齐，并应根据道床不洁程度，有计划地进行清筛，最大限度地保持道床弹性和排水性能良好。

7.7　安全、环保注意事项

（1）危险源辨识内容（表 7.7-1）

危险源辨识与风险评价一览表　　**表 7.7-1**

单位：						
专业名称：轨道工程						
序号	工序名称	危险源	可能导致的事故	危险源级别	现有控制措施	备注
1	碎石道床施工	钢轨起道	人身伤害	V	穿戴好防护用品	
2		施工区域前后未设置防护员	人身伤害	V	增设防护员	

注：判别依据：Ⅰ. 不符合法律法规及其他要求；Ⅱ. 曾发生过事故，仍未采取有效控制措施；Ⅲ. 相关方合理抱怨或要求；Ⅳ. 直接观察到的危害；Ⅴ. 施工条件危害评价（LEC 法）

（2）安全注意事项

1）施工区域两端应设置信号灯，施工牌。

2）施工区域两端设置防护员进行防护。

3）进场施工必须进行安全技术交底及安全技术培训。

4）轨行区施工须申请A类工作票施工。

5）在规定的施工时间内完成测量并撤离轨行区。

6）轨排拼装：吊运钢轨和枕木途中，下方严禁站人；大龙门吊操作手与轨排拼装人员对讲机联系，实时沟通；安装紧固弹条过程中，前方严禁站人。

（3）环保注意事项

1）施工工器具材料需及时回收，不得随意丢弃，减少环境污染。

2）施工完毕做到场清料净。

3）减少噪声污染，施工过程中，控制噪声的排放与住宅区保持安全的区域。

4）采用无污染环保型锚固料，进行螺栓道钉锚固。

第八章　库内支柱式、侧壁式检查坑整体道床

8.1　适用范围

适用于城市轨道交通车辆段、停车场库内支柱式、侧壁式检查坑道床施工。

本节以国内具有代表性的用于城市轨道交通车辆段、停车场库内支柱式、侧壁式检查坑道床工艺介绍，供施工单位对照参考。

8.2　施工内容

车辆段、停车场库内库内支柱式、侧壁式检查坑整体道床施工内容主要有：基标测设、钢轨倒运及架设、轨道几何尺寸调整、立模、混凝土浇筑、拆模养生。

8.3　主要施工技术标准

（1）《地下铁道工程施工质量验收标准》GB 50299—2018；

（2）《地铁设计规范》GB 50157—2013；

（3）《城市轨道交通工程测量规范》GB/T 50308—2017；

（4）《混凝土结构工程施工质量验收规范》GB 50204—2015；

（5）《铁路轨道工程施工质量验收标准》TB 10413—2018；

（6）《钢筋焊接及验收规程》JGJ 18—2012；

（7）《施工现场临时用电安全技术规范》JGJ 46—2005。

8.4　施工准备

土建单位基础已施工完成，结构尺寸符合设计要求，并办理了交接手续。核对设计文件，与设计部门交接桩完毕，了解线路平面状况及其他建筑物之间的关系，了解地形情况，以便确定测量方法。

以一个铺轨基地（6～9 正线公里）的单个库内道床散铺施工为例，按照表 8.4-1～表 8.4-3的要求，做好人员配置、施工机具、机械设备配置的准备工作。

（1）劳动力组织（表 8.4-1）

劳动力组织表　　**表 8.4-1**

序号	人员	单位	数量	备注
1	施工负责人	人	1	
2	技术负责人	人	1	

续表

序号	人员	单位	数量	备注
3	领工员	人	3	
4	质量员	人	1	
5	安全员	人	1	
6	试验员	人	1	
7	材料员	人	1	
8	技术员	人	2	
9	龙门吊司机	人	4	
10	施工人员	人	50	根据人员技术水平进行调整

（2）施工机具（表 8.4-2）

施工机具表 **表 8.4-2**

序号	名称	规格	单位	数量	备注
1	调轨支架	2 孔用于普通枕	套	80	
2	接头夹板及螺旋	60kg/m	套	4	
3	撬棍	7kg×1.5m	根	5	
4	翻轨器	1460×200×140	根	5	
5	万能道尺	JTGC3A	把	1	
6	方尺	HT200-250	把	1	
7	支矩尺	1400 支距尺	把	1	
8	基标尺	L 形	把	1	
9	正矢线盒	20m	个	1	
10	钢卷尺	5m	个	1	
11	钢板尺	30cm	个	1	

（3）机械设备配置（表 8.4-3）

机械设备配置表 **表 8.4-3**

序号	名称	规格	单位	数量	备注
1	基地龙门吊	10t-24m	台	2	
2	锯轨机	K1260	台	1	
3	内燃钢轨钻孔机	NZG-31	台	1	
4	发电机	8kW	台	1	
5	齿条起道机	JGQ、60 型	台	4	根据施工组织设计配备
6	滚轮	ϕ20—ϕ26mm；L-120mm	个	8	
7	汽车吊	50t	辆	2	
8	载重卡车	2t	辆	4	

8.5 施工工序流程和操作要点

（1）施工工序流程图（图 8.5-1）

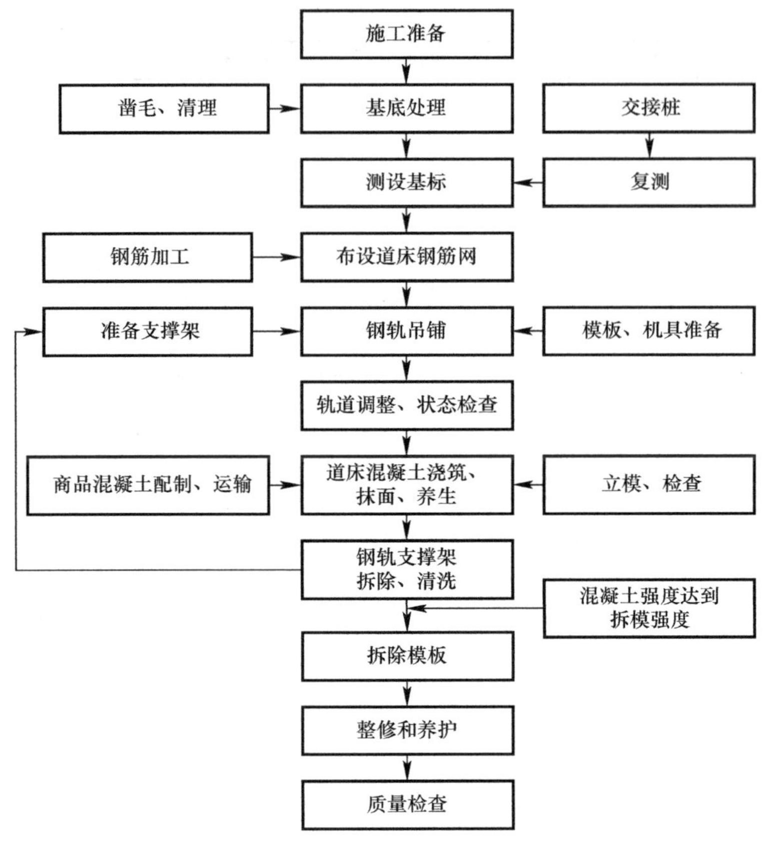

图 8.5-1　施工工序流程图

(2) 操作要点

1) 基标测设：复测完毕，进行线路测量基标放样，在线路中心设置基标，控制基标按等距、等高的原理设置，测量基标兼做轨顶高程、轨顶中心线使用。

2) 钢轨倒运：利用吊车将钢轨吊到库前，然后采用滚筒滑移到库内，放置在检查坑立柱的线路两侧。架轨时使用的承轨架和专门制作的吊轨小吊等机具提前准备到位。

3) 钢轨架设

① 土建施工单位每一股道检查坑立柱的钢筋网绑扎好后轨道专业开始架设钢轨，调整钢轨时，如钢筋网与扣件尼龙套管冲突，则需土建单位进行调整配合调整钢筋位置。

② 架设钢轨时，先立好轨架，轨架每隔 5m 左右立一处，并立在立柱的空隙适当位置处，每根 25 米长的钢轨用专门制作的吊轨支架吊起后，人工配合把钢轨落在轨架上，钢轨落在轨架上后必须要安放平稳。见图 8.5-2。

4) 轨道粗调

钢轨架设过程中，先按线路中心及标高进行粗调，使水平及中线误差不超过 10mm。单股道的钢轨全部架设完毕，钢轨所有配件安装完毕后，通过调整钢轨支承架支腿螺旋对整股道的几何状态按照设计和规范要求进行细部调整。见图 8.5-3。

5) 安装模板

轨道细调完成后，安装检查坑立柱模板。土建施工单位在进行安装模板施工时派质量员进行现场盯控，防止对调整好的线路造成大的影响。防止施工过程中碰撞钢轨和扣件，并随时进行轨道几何尺寸的检验。

图 8.5-2 钢轨架设

6）线路精调

土建施工单位模板安装完成后，轨道专业进行浇注混凝土之前的最后一次检查并进行精调。

7）初凝后轨道的检验

混凝土浇筑完初凝后安排人员对柱式、壁式检查坑的线路进行最后一次施工过程中的检查，检查浇注混凝土过程中是否由于振动棒捣固使线路几何状态发生变化，如果有误差超限的点时及时进行整改。见图 8.5-4。

图 8.5-3 轨道几何尺寸调整

图 8.5-4 轨道几何尺寸调整

8）立柱拆模、养生，由土建单位进行施工。

8.6 施工质量标准

（1）库内整体道床几何形位控制、调整是一项多次、反复性的工作，调整分五个阶段：架轨过程中；挂短枕、安装扣件过程中；加固轨道支撑体系时，浇筑道床混凝土前；混凝土浇筑过程中、混凝土初凝前，这是实质上轨道几何形位的最终、最关键调整。

（2）利用轨道支撑架进行轨道几何形位调整，以铺轨基标为基准通过测量仪器、工具对轨道几何形位指标进行控制。

（3）轨距：旋转支承架上的轨卡螺丝及设置在两钢轨支撑架之间轨距拉杆调整并固定轨距，用道尺进行轨距控制。

（4）轨道中心线：架轨前保证轨道支撑架的中心线与轨道中心线重合，同时保证钢轨支撑架与线路中心线的垂直。用直角道尺控制与基标同一侧的钢轨，再将支撑架立柱底的对准器对准基标的中心孔，道尺滑动块架在同侧的钢轨上，同时将万能道尺紧贴直角道尺架在两股钢轨上，控制另一侧的钢轨并检查轨距，调整基标前后邻近钢轨支承架，且先调水平后调中线，轨道中心线以基标为准偏差在允许范围内为合格。

（5）水平及标高：旋转轨道支撑架两侧的可调螺栓杆，控制支撑架的标高以保证轨道的水平、轨顶标高。利用道尺、水准仪以铺轨基标为基准进行控制。

（6）轨道方向：只要保证钢轨支撑架处线路中心位置正确，并在支撑架之间布置轨距拉杆，能够保证轨道方向。控制方法采用 10m 弦量。

（7）前后高低：只要保证按照适当间距布置的钢轨支撑架处的轨顶标高、水平就能保证前后高低。控制方法采用 10m 弦量。

（8）轨底坡：1/40 轨底坡利用支撑架轨机构预先设置的 1/40 坡度板进行控制。

8.7　安全、环保注意事项

（1）危险源辨识内容（表 8.7-1）

危险源辨识与风险评价一览表　　**表 8.7-1**

单位：						
专业名称：轨道工程						
序号	工序名称	危险源	可能导致的事故	危险源级别	现有控制措施	备注
1	库内整体道床道床施工	钢轨架设	人身伤害	Ⅴ	穿戴好防护用品	
2		施工区域前后未设置防护员	人身伤害	Ⅴ	增设防护员	

注：判别依据：Ⅰ. 不符合法律法规及其他要求；Ⅱ. 曾发生过事故，仍未采取有效控制措施；Ⅲ. 相关方合理抱怨或要求；Ⅳ. 直接观察到的危害；Ⅴ. 施工条件危害评价（LEC 法）

（2）安全注意事项

1）施工区域两端应设置信号灯，施工牌。

2）施工区域两端设置防护员进行防护。

3）进场施工必须进行安全技术交底及安全技术培训。

4）轨行区施工需申请 A 类工作票。

5）在规定的施工时间内完成测量并撤离轨行区。

6）轨排拼装：吊运钢轨和枕木途中，下方严禁站人；安装紧固弹条过程中，前方严禁站人。

（3）环保注意事项

1）施工工器具材料需及时回收，不得随意丢弃，减少环境污染。

2）施工完毕做到场清料净。

3）施工过程中，减少噪声。

第九章　高架桥短轨枕承轨台

9.1　适用范围

适用于城市轨道交通高架桥短轨枕承轨台道床施工。

本节以国内具有代表性的用于城市轨道交通高架桥短轨枕承轨台工艺介绍，供施工单位对照参考。

9.2　施工内容

高架桥短轨枕承轨台道床施工内容主要有：基标测设、钢轨倒运及架设、轨道几何尺寸调整、立模、混凝土浇筑、拆模养护。

9.3　主要施工技术标准

(1)《地下铁道工程施工及验收规范》GB 50299—2018；

(2)《地铁设计规范》GB 50157—2013；

(3)《城市轨道交通工程测量规范》GB/T 50308—2017；

(4)《混凝土结构工程施工质量验收规范》GB 50204—2015；

(5)《铁路轨道工程施工质量验收标准》TB 10413—2018；

(6)《钢筋焊接及验收规程》JGJ 18—2012；

(7)《施工现场临时用电安全技术规范》JGJ 46—2005。

9.4　施工准备

土建单位主体结构已完成（轨顶风道、站台板、区间联络通道）满足设计强度要求，车站、隧道等主体结构已通过净空限界检测和线路中线及水平贯通测量并满足设计要求，调线调坡资料已出，土建结构尺寸和防水符合设计要求并已验收，且办理了交接手续。

技术人员认真学习施工组织设计文件和施工标准，阅读、审核施工图纸，澄清有关技术问题，熟悉规范和技术标准。制定施工安全保证措施，提出应急预案。根据施工标准、施工设计图纸和现场情况编制实施性更强的施工安全技术交底文件，完成对施工人员安全技术交底。参加施工的人员已完成上岗前三级安全教育培训，考试合格后持证上岗。

使用的仪器、仪表、设备经具备国家级检验资质的检测机构的检验，并贴有“检验合格证”的标识，且在有效期内。

测量工作由测量工程师负责，交接桩必须留有签认记录，严格执行资料交接制度，所有资料（含向业主、监理及第三方测量等单位提交的导线复测成果、控制基标成果、测量放样成果等）通过“交接单”的方式进行资料交接，对于各种可能遇见的问题要有充分的了解和认识，并邀业主、监理和设计人员参加。

以一个铺轨基地（10～15 正线公里）的短轨枕承轨台施工为例，按照表 9.4-1～表 9.4-3 的要求，做好人员配置、施工机具、机械设备配置的准备工作。

（1）劳动力组织（表 9.4-1）

劳动力组织表 **表 9.4-1**

序号	人员	单位	数量	备注
1	施工负责人	人	1	
2	技术负责人	人	1	
3	领工员	人	3	
4	质量员	人	1	
5	安全员	人	1	
6	试验员	人	1	
7	材料员	人	1	
8	技术员	人	2	
9	施工人员	人	50	根据人员技术水平进行调整

（2）施工机具（表 9.4-2）

施工机具表 **表 9.4-2**

序号	名称	规格	单位	数量	备注
1	调轨支架	2 孔用于普通枕	套	80	
2	接头夹板及螺旋	60kg/m	套	4	
3	撬棍	7kg×1.5m	根	5	
4	翻轨器	1460×200×140	根	5	
5	万能道尺	JTGC3A	把	1	
6	方尺	HT200-250	把	1	
7	支矩尺	1400 支距尺	把	1	
8	基标尺	L 形	把	1	
9	正矢线盒	20m	个	1	
10	钢卷尺	5m	个	1	
11	钢板尺	30cm	个	1	

（3）机械设备配置（表 9.4-3）

机械设备配置表 **表 9.4-3**

序号	名称	规格	单位	数量	备注
1	基地龙门吊	10t-24m	台	2	
2	锯轨机	K1260	台	1	
3	内燃钢轨钻孔机	NZG-31	台	1	
4	发电机	8kW	台	1	

续表

序号	名称	规格	单位	数量	备注
5	齿条起道机	JGQ、60 型	台	4	
6	滚轮	ϕ20—ϕ26mm；L-120mm	个	8	
7	汽车吊	50t	辆	2	
8	载重卡车	2t	辆	4	
9	风镐	G15	把	4	
10	混凝土泵车	80 型	台	1	

9.5　施工工序流程和操作要点

（1）施工工序流程图（图 9.5-1）

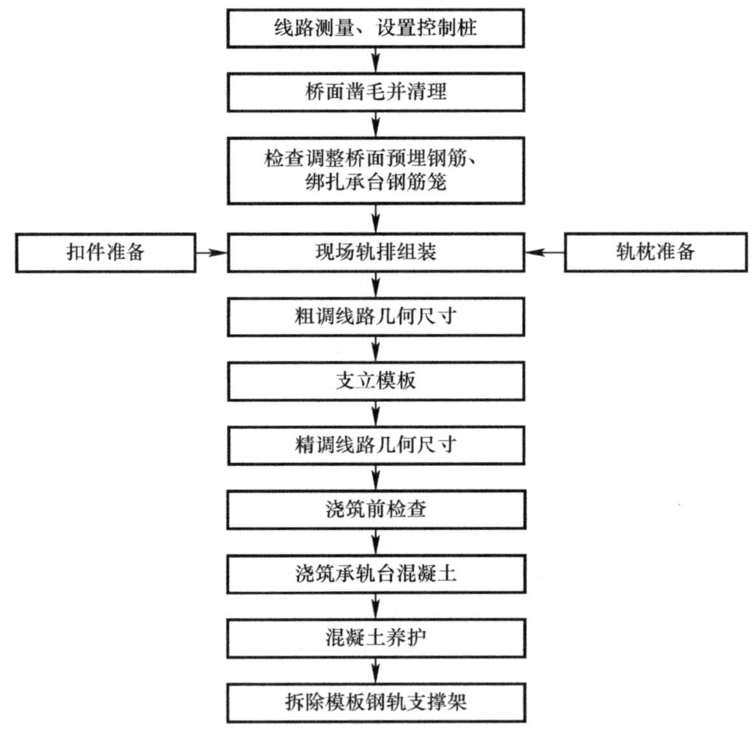

图 9.5-1　施工工序流程图

（2）操作要点

1）施工准备

① 测量对线路导线控制点进行复测，通过导线控制点沿线路布设铺轨控制基标。

② 混凝土短轨枕由专业厂家供货。

③ 小型辅助机具加工包括道床施工所必需的钢轨支撑架、桥上运轨机具、定型钢模板、木模板等。

④ 对现场钢轨运输道路进行现场调查，对不具备钢轨运输的道路，进行必要的征地、

便道修建，确保钢轨运输至指定位置，并留存现场影像资料中，报监理签认相关工程量。

⑤ 对沿线吊车及天泵支撑平台，进行调查，对不满足支立吊车或天泵的地段，采取措施进行必要的征地、土方回填、压实等修建支立平台，并留存现场影像资料中，报监理签认相关工程量。

2）基底处理

① 承轨台施工地段采用风镐进行密集凿毛，凿毛间距不大于150mm，凿毛深度5～10mm，梅花形布置，凿出骨料为宜，凿毛后立即清扫杂物垃圾，做到施工段内无积水，无废渣。

② 整体道床基底至钢轨顶面不得小于设计高度，根据测量资料检查，如整体道床基底至轨顶面小于设计高度，需要报设计同意，否则需进行局部凿除达到设计高度。见图9.5-2。

图9.5-2 基底钢筋处理

3）轨排组装

轨排组装前须做好配轨计算，并充分满足焊轨的需要，根据设计文件、技术资料编制轨排表。直线段长度根据各坡度分段计算，配轨时应按钢轨长度和预留轨缝连续计算，并确定曲线始点前（或后）的钢轨接头。曲线段长度以外股为依据，配轨按外股钢轨长度和预留轨缝连续计算，并确定曲线始点前（或后）的钢轨接头到曲线终点的距离。轨排组装架设允许偏差满足图纸要求。见图9.5-3。

图9.5-3 基底钢筋处理

4）钢筋绑扎、焊接、防杂散电流

钢筋先运至铺轨基地钢筋加工棚，依据施工图纸加工完成后，通过汽车吊吊至施工现场，再由工人进行钢筋网布设。

① 纵向钢筋采用HRB400级直径为16mm的螺纹钢筋，横向采用HRB400级直径为12mm的螺纹钢筋，架立筋采用HPB400级直径为12mm的螺纹钢筋，保证混凝土保护层厚度不小于35mm，困难时不小于20mm。

② 钢筋焊接尽量采用双面焊，焊缝长度不小于$6d$（钢筋直径），焊缝高度为6mm；当确实无法进行双面焊时，可采用单面焊，但焊接长度必须增加一倍。

③ 道床内所有纵向钢筋在混凝土枕两边利用其内部箍筋将所有纵向钢筋绑扎连接，道床块两端纵向钢筋与箍筋焊接，用 50×8 的镀锌扁钢连接两相邻道床块；在梁体伸缩缝处的相邻道床结构钢筋上，分别用 50×8 的镀锌扁钢和所有纵向钢筋焊接，并在道床的两侧引出连接端子。

④ 钢筋的焊接与隔离应严格遵守防杂散电流的要求，应注意确保钢筋骨架的牢靠，避免施工时破坏三种钢筋的隔离要求，钢筋隔离 5cm 有困难时应采用 PVC 绝缘套管隔离，严禁杂散电流渗入梁体。

⑤ 由于承轨台结构钢筋又作为杂散电流专业的主排流网，为防止杂散电流的传递，承轨台纵向钢筋、箍筋及架立筋，桥面连接钢筋及短轨枕内伸出钢筋不得相连。承轨台两端短轨枕内伸出钢筋、桥面预埋钢筋可在施工时切断一定长度。

5）轨排架设与轨道状态的调整

① 轨排架设采用上承式钢轨支承架，钢轨支承架设置间距为 2.5m 一个，直线段支承架应垂直线路方向，曲线段支承架应垂直线路的切线方向。并将各部螺栓拧紧，不得虚接。轨枕、支承架如与预留管沟等重合时，前后适当调整，力求均匀。

② 轨道状态调整

轨排架起后按设计和规范要求对其几何状态进行粗调、细调、精调。具体做法是：先调水平，后调轨距；先调基标部位；后调基标之间；先粗后精，反复调整。经过精调后，其精度必须符合无碴轨道铺设完成后精度要求。允许偏差应符合《铁路轨道工程施工质量验收标准》的规定，并经现场监理检查确认符合要求后，方可进行混凝土浇筑作业。见图 9.5-4。

6）模板支立

高架桥上每跨梁两端各设置一个较短的非标承轨台，直线地段铺设时，可以先固定一侧钢轨的位置，作为另一股道的参考；曲线地段，应根据曲线要素准确确定左、右股钢轨的位置，曲线左右桥跨长度不等时，左线梁两端的承轨台布置应优先右线布置；轨枕间距及道床分块应根据每股钢轨下梁面的实际长度，根据需要在梁跨中非标准承轨台内调整结构钢筋的间距、长度及轨枕间距；控制短轨枕间距于 550～650mm。

高架桥道床分块。

高架桥整体道床采用钢模板，伸缩缝处采用木模板，相邻两块模板要密贴，伸缩缝处的木模板采用方木固定，钢模板通过斜支撑及模板卡子将其固定，模板上部通过铁丝与钢管连接固定。

7）道床混凝土的浇筑

① 基底处理及材料机具运输

对基底进行全面密集凿毛后清扫干净；将组装好的轨排及选配好的钢筋、钢轨支承架、模板等料具运至整体道床作业区段，铺设并散布至作业面后再进行整体道床施工。

② 支承架的整理及架设

支承架在使用前预先在支承架的丝杠外套 PVC 管，在整体道床中预留施工工艺孔，施工完毕后对工艺孔进行填充。

支承架支撑在钢轨下方，线路上每 2.5m 设一个支承架。施工中，不得碰撞轨道支承架，不得敲打钢轨及混凝土轨枕，并应随时检查钢轨与轨枕的位置、轨距、水平，发现超过验收标准的应立即调整。

③ 道床混凝土施工

道床模板安装必须平顺，位置正确，并牢固不松动。模板安装完成后要报请监理组织隐检，认定符合要求后方可灌筑混凝土。模板安装质量要求：位置偏差不大于±5mm，不垂直度不大于±2mm，表面不平整度不大于±3mm，高程误差不大于±2mm。

道床混凝土由搅拌站采用混凝土搅拌车运输至施工现场并通过天泵进行混凝土浇筑。浇筑前要对每车混凝土进行坍落度试验，必须保证符合设计要求，并应控制混凝土入模温度不得大于 30℃，混凝土灌筑时用彩条布或土工布覆盖钢轨及轨枕，采用塑料袋包裹扣件，以免造成污染。混凝土灌筑时采用插入式振捣棒振捣密实，并不得碰撞钢轨、轨枕、模板，振捣完成后道床混凝土表面要进行抹面处理，不得出现反坡，以免影响排水。混凝土浇筑完毕 12h 内，采用塑料布覆盖的方法进行养护，要保持混凝土处于湿润状态。混凝土强度达到 5MPa 以上后方可拆除支承架，达到设计强度的 70%后轨道上方可载重、行车。

混凝土浇筑必须满足钢筋工程相关规范及《混凝土结构施工质量验收规范》要求，并经监理工程师认可。道床混凝土初凝前应及时进行面层以及水沟的抹面，并将钢轨、轨枕、扣件、支承架等表面灰浆清理干净。混凝土抗压试件留置组数，同一配合比每灌筑 100m^3（不足 100m^3 者按 100m^3 计）应取两组试件，一组在标准条件下养护，另一组与道床同条件下养护，试件取样时监理旁站。

8）混凝土抹面

混凝土浇筑后应立即安排工人进行抹面，控制要点如下：

① 钢轨底面混凝土高度距离钢轨底面高度不小于 70mm。

② 直线地段设置 2%的人字坡，曲线地段朝内轨方向设置 2%的单面坡。

③ 保证抹面均匀、平顺，杜绝蜂窝麻面。见图 9.5-5。

图 9.5-4 轨道状态调整

图 9.5-5 混凝土浇筑

9.6 施工质量标准

（1）高架桥短轨枕承轨台道床几何形位控制、调整是一项多次、反复性的工作，调整分五个阶段：架轨过程中；挂短枕、安装扣件过程中；加固轨道支撑体系时，浇筑道床混凝土前；混凝土浇筑过程中、混凝土初凝前，这是实质上轨道几何形位的最终、最关键调整。

（2）利用轨道支撑架进行轨道几何形位调整，以铺轨基标为基准通过测量仪器、工具对轨道几何形位指标进行控制。

（3）轨距：旋转支承架上的轨卡螺丝及设置在两钢轨支撑架之间轨距拉杆调整并固定轨距，用道尺进行轨距控制。

（4）轨道中心线：架轨前保证轨道支撑架的中心线与轨道中心线重合，同时保证钢轨支撑架与线路中心线的垂直。用直角道尺控制与基标同一侧的钢轨，再将支撑架立柱底的对准器对准基标的中心孔，道尺滑动块架在同侧的钢轨上，同时将万能道尺紧贴直角道尺架在两股钢轨上，控制另一侧的钢轨并检查轨距，调整基标前后邻近钢轨支承架，且先调水平后调中线，轨道中心线以基标为准偏差在允许范围内为合格。

（5）水平及标高：旋转轨道支撑架两侧的可调螺栓杆，控制支撑架的标高以保证轨道的水平、轨顶标高。利用道尺、水准仪以铺轨基标为基准进行控制。

（6）轨道方向：只要保证钢轨支撑架处线路中心位置正确，并在支撑架之间布置轨距拉杆，能够保证轨道方向。控制方法采用 10m 弦量。

（7）前后高低：只要保证按照适当间距布置的钢轨支撑架处的轨顶标高、水平就能保证前后高低。控制方法采用 10m 弦量。

（8）轨底坡：1/40 轨底坡利用支撑架轨机构预先设置的 1/40 坡度板进行控制。

（9）材料供应是影响工程质量、进度的一个重要因素。好材料采购与管理工作，认真负责好材料的合同谈判、产品制造质量监督、试验、出厂检验、到货检验、仓储管理、发料等一系列环节。对物资采购过程中易出现损坏的环节加强保护措施。加强进场前材料检测和设备相应的性能指标测试。绝不允许不合格的材料、器材、设备用于工程施工。确保进入工地的各种材料、器材、设备均要符合设计及工程质量的要求。

（10）工地试验室严把原材料检验关，对使用前的材料进行试验检测、使进入工地的材料符合规范和设计要求。

9.7 安全、环保注意事项

（1）危险源辨识内容（表 9.7-1）

危险源辨识与风险评价一览表 **表 9.7-1**

<table>
<tr><td colspan="7">单位：</td></tr>
<tr><td colspan="7">专业名称：轨道工程</td></tr>
<tr><td>序号</td><td>工序名称</td><td>危险源</td><td>可能导致的事故</td><td>危险源级别</td><td>现有控制措施</td><td>备注</td></tr>
<tr><td>1</td><td rowspan="2">高架桥短轨枕承轨台道床施工</td><td>材料吊装</td><td>人身伤害</td><td>V</td><td>穿戴好防护用品</td><td></td></tr>
<tr><td>2</td><td>施工区域前后未设置防护员</td><td>人身伤害</td><td>V</td><td>增设防护员</td><td></td></tr>
</table>

注：判别依据：Ⅰ. 不符合法律法规及其他要求；Ⅱ. 曾发生过事故，仍未采取有效控制措施；Ⅲ. 相关方合理抱怨或要求；Ⅳ. 直接观察到的危害；Ⅴ. 施工条件危害评价（LEC 法）

（2）安全注意事项

1）道床施工中，各道工序应保持适当间隔，并有机衔接与配合。

2）天吊应安设稳固，支墩间距不大于 1.5m，支墩用膨胀螺栓牢固固定，走行轨轨距符合要求。使用前检查走行系统是否正常，电器制动系统是否可靠，吊架的吊点灵活程度。

3）钢筋网焊接时，焊接设备必须经过调试运转正常后，方可正式施工，焊机必须由专人使用和管理，非专职人员不得擅自操作。焊接设备必须装接地线，电源部分要妥加保护，防止因操作不慎使钢筋与电源接触。电焊工应穿戴必要的劳动防护用品，并在作业过程中注意保护自身安全。

4）上扣件时每两人之间要间隔3根轨枕的距离，且要站在扳手一侧，防止互相碰伤。

5）混凝土灌筑时，要经常检查输送管道，发生堵管时，应尽可能敲击疏通，防止爆管伤人。

（3）环保注意事项

1）施工工器具材料需及时回收，不得随意丢弃，减少环境污染。

2）施工完毕做到场清料净。

3）通过设隔音罩、隔音板、减震底座，尽量使用环保机具等措施，将施工期间施工机械的噪声控制在最低限度，满足国家和徐州市有关法规要求，符合《建筑施工场界环境噪声排放标准》GB 12523—2011的规定。采取有效措施将施工产生的振动减小到最低幅度，控制标准符合《城市区域环境振动标准》GB 10070—1988的要求。

第十章　钢弹簧浮置板道床预制装配施工

10.1　适用范围

适用于城市轨道交通钢弹簧浮置板道床预制拼装施工。

本节以国内具有代表性的用于城市轨道交通钢弹簧浮置板道床预制拼装施工工艺介绍，供施工单位对照参考。

10.2　施工内容

钢弹簧浮置板道床预制拼装施工内容主要有：预制模具设计与制造、基标测设、预制板运输定位、钢轨扣件安装、轨道几何尺寸调整、安装隔振器、预制板顶升。

10.3　主要施工技术标准

(1)《地下铁道工程施工质量验收标准》GB 50299—2018；
(2)《地铁设计规范》GB 50157—2013；
(3)《城市轨道交通工程测量规范》GB/T 50308—2017；
(4)《混凝土结构工程施工质量验收规范》GB 50204—2015；
(5)《铁路轨道工程施工质量验收标准》TB 10413—2018；
(6)《钢筋焊接及验收规程》JGJ 18—2012；
(7)《施工现场临时用电安全技术规范》JGJ 46—2005。

10.4　施工准备

土建单位主体结构已完成（轨顶风道、站台板、区间联络通道）并满足设计强度要求，车站、隧道等主体结构已通过净空限界检测和线路中线及水平贯通测量并满足设计要求，调线调坡资料已出，土建结构尺寸和防水符合设计要求并已验收，且办理了交接手续。

技术人员认真学习施工组织设计文件和施工标准，阅读、审核施工图纸，澄清有关技术问题，熟悉规范和技术标准。制定施工安全保证措施，提出应急预案。根据施工标准、施工设计图纸和现场情况编制实施性更强的施工安全技术交底文件，完成对施工人员安全技术交底。参加施工的人员已完成上岗前三级安全教育培训，考试合格后持证上岗。

使用的仪器、仪表、设备经具备国家级检验资质的检测机构的检验，并贴有“检验合格证”的标识，且在有效期内。

测量工作由测量工程师负责，交接桩必须留有签认记录，严格执行资料交接制度，所有资料（含向业主、监理及第三方测量等单位提交的导线复测成果、控制基标成果、测量放样成果等）通过“交接单”的方式进行资料交接，对于各种可能遇见的问题要有充分的了解和认识，并邀业主、监理和设计人员参加。

以一个铺轨基地（6～9 正线公里）的钢弹簧预制板道床施工为例，按照表 10.4-1～表 10.4-3 的要求，做好人员配置、施工机具、机械设备配置的准备工作。

（1）劳动力组织（表 10.4-1）

劳动力组织表 **表 10.4-1**

序号	人员	单位	数量	备注
1	施工负责人	人	1	
2	技术负责人	人	1	
3	领工员	人	3	
4	质量员	人	1	
5	安全员	人	1	
6	试验员	人	1	
7	材料员	人	1	
8	技术员	人	2	
9	施工人员	人	30	根据人员技术水平进行调整

（2）施工机具（表 10.4-2）

施工机具表 **表 10.4-2**

序号	名称	规格	单位	数量	备注
1	调轨支架	2 孔用于普通枕	套	80	
2	接头夹板及螺旋	60kg/m	套	4	
3	撬棍	7kg×1.5m	根	5	
4	翻轨器	1460×200×140	根	5	
5	万能道尺	JTGC3A	把	1	
6	方尺	HT200-250	把	1	
7	支矩尺	1400 支距尺	把	1	
8	基标尺	L 形	把	1	
9	正矢线盒	20m	个	1	
10	钢卷尺	5m	个	1	
11	钢板尺	30cm	个	1	
12	徕卡全站仪	TS16A-1	台	1	
13	徕卡全站仪	TS60	台	1	
14	南方轨检小车	SGJ-T-NF	台	1	
15	天宝电子水准仪	Trimble DiNi03	台	1	
16	徕卡光学水准仪	NA730	台	1	

（3）机械设备配置（表 10.4-3）

机械设备配置表 **表 10.4-3**

序号	名称	规格	单位	数量	备注
1	基地龙门吊	10t-24m	台	2	
2	锯轨机	K1260	台	1	
3	内燃钢轨钻孔机	NZG-31	台	1	
4	发电机	8kW	台	1	
5	齿条起道机	JGQ、60 型	台	4	根据施工组织设计配备

续表

序号	名称	规格	单位	数量	备注
6	滚轮	ϕ20—ϕ26mm；L-120mm	个	8	
7	汽车吊	50t	辆	2	
8	载重卡车	2t	辆	4	
9	混凝土振动台	3m×4m（磁力型）	台	1	
10	自动张拉机	ATM-300	台	1	
11	机械式脱模机	TMJ-200	台	1	
12	张拉力均匀性检测仪	LYJ-100	台	1	

10.5　施工工序流程和操作要点

（1）施工工序流程图（图 10.5-1）

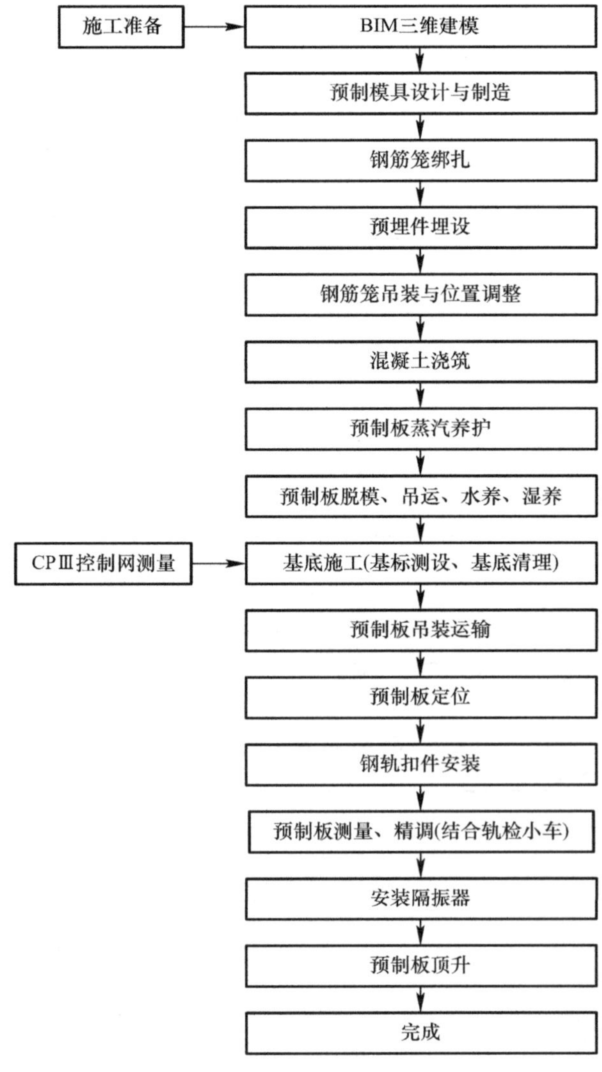

图 10.5-1　施工工序流程图

(2) 施工准备

施工前做好现场调查，组织线路底板复测验收，备齐设计文件、技术标准和规范，编制道床实施方案和安全保证，经计算确定工装等工器具规格尺寸，预先进行模拟试验，通过实践，掌握施工作业要领。

(3) BIM三维建模

利用 Onuma Planning System、Affinity 等 BIM 方案设计软件，AutodeskRevit、Bentley、ArchiCAD、CATIA 等 BIM 核心建模软件，配合 3DS Max、Artlantis、AccuRender、Lightscape 等 BIM 可视化软件对钢弹簧浮置板预制装配施工全过程建模，组织项目管理人员收集分析管理过程中存在的管理漏洞，组织经验丰富的管理人员，优化项目的管理方法，配合 BIM 咨询公司根据项目管理需求更改系统平台，并上线使用。见图 10.5-2。

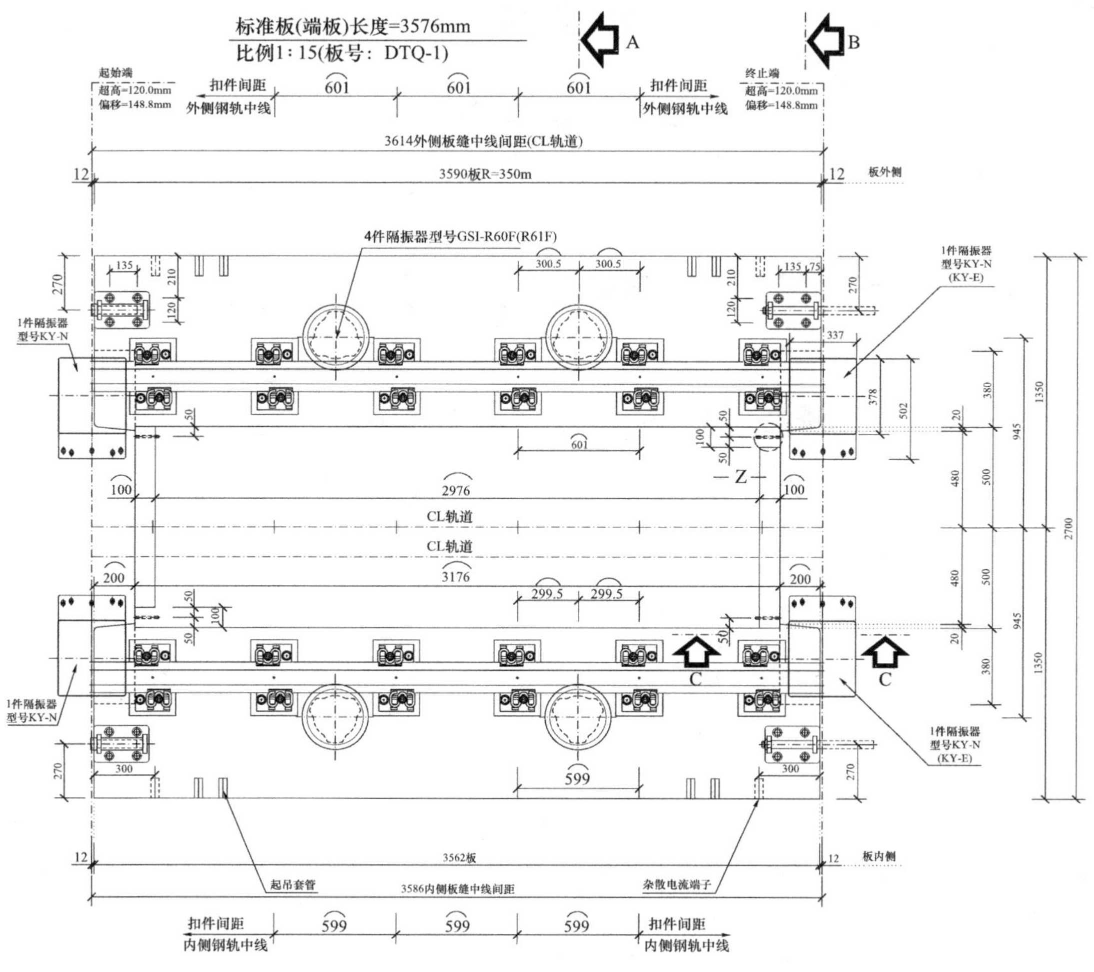

图 10.5-2　预制板平板图

(4) 钢弹簧浮置板预制

在预制浮置板工厂完成钢筋笼绑扎，预埋件埋设，钢筋笼吊装与位置调整，混凝土浇筑，振捣预制板蒸汽养护预制板脱模、吊运与水养、湿养预制板运输与存放等工序完成预制钢弹簧浮置板短板。见图 10.5-3。

(a)　(b)　(c)　(d)　(e)　(f)　(g)　(h)

图 10.5-3　预制板生产

(a) 钢筋笼绑扎；(b) 模具制作；(c) 混凝土浇筑；
(d) 混凝土抹面；(e) 振动台振捣；(f) 蒸汽养护；(g) 脱模吊装；(h) 浮置板堆放；

(5) 基底施工

1) CPⅢ轨道基础控制网布设（图 10.5-4）

CPⅢ控制点采取预埋方式布设，平面和高程同点，间隔 40～60m 设置一对点，特殊地段（小半径曲线处、变断面处等）按 20～30m 设置。点位设置高度不低于钢轨顶面 0.8m，左右一对点大致等高，纵向里程差应小于 1m，控制点应设置在稳固、可靠、不易破坏和便于测量的地方，并应防冻、防沉降和抗移动，控制点标识要清晰、齐全、便于准确识别和使用。见图 10.5-5、表 10.5-1。

2) 基底清理

清理基底结构杂物，对结构地面进行密集凿毛，凿毛后对杂物进行清理，并用高压水或高压风冲洗底板。避免其他单位污水进入，做好防护措施。

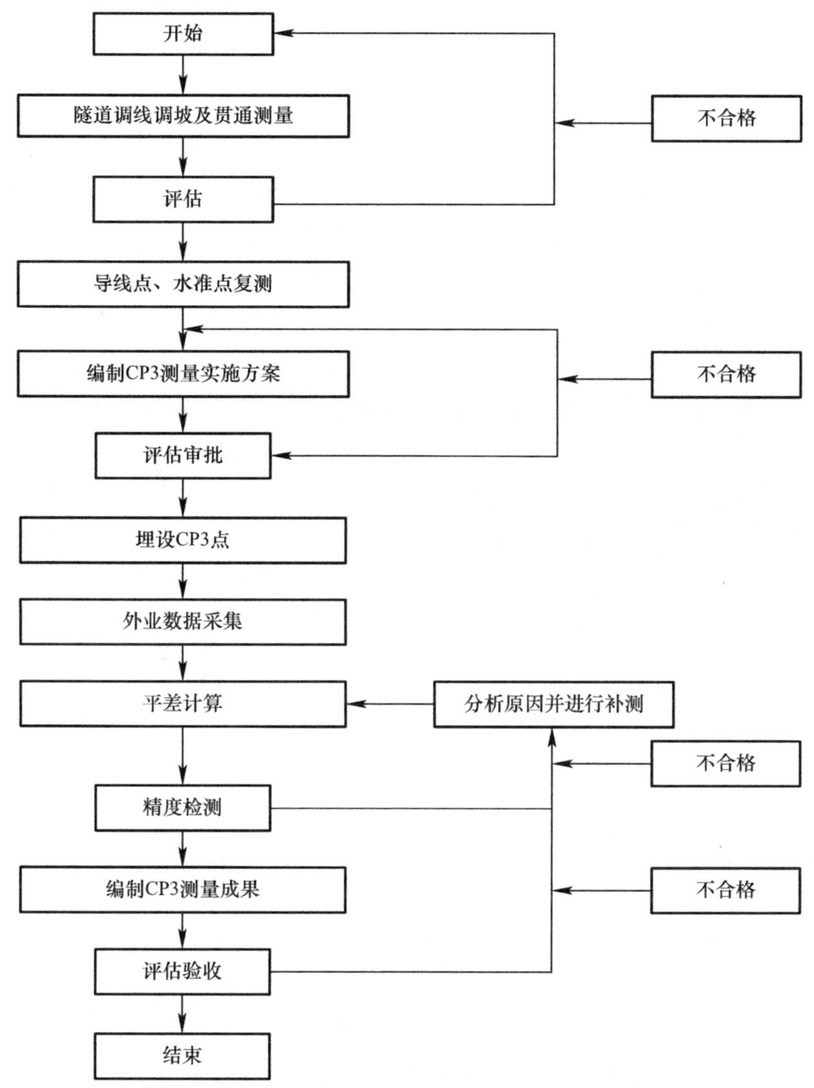

图 10.5-4 CPⅢ轨道基础控制网工艺流程

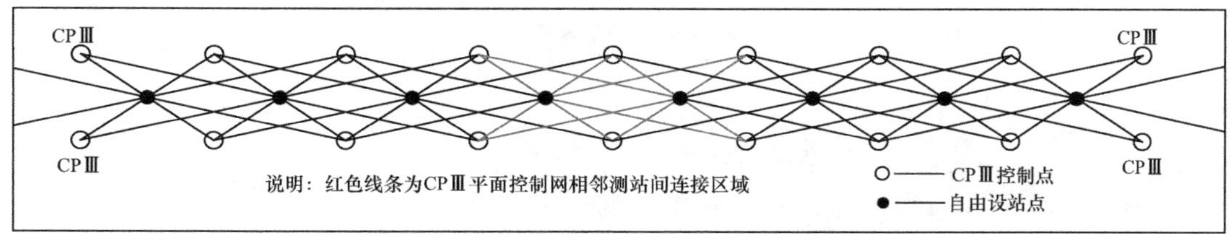

图 10.5-5 CPⅢ轨道基础控制网形式

CPⅢ控制点布设技术要求 **表 10.5-1**

名称	纵向间距	高度	备注
CPⅢ控制点	40～60m	高于轨面 0.8～1.7m 左右	成对布设在隧道侧墙、中隔墙或站台廊檐、高架护栏上

3）基底施工

① 钢筋绑扎及安装

基底钢筋在铺轨基地加工，轨道车运输至作业面，现场按照基底找平层配筋图进行人工散铺作业。现场钢筋绑扎需注意水沟模板的预留，保证下道工序施工的顺利进行。

② 设置基底伸缩缝及中心水沟模板

基底混凝土伸缩缝沥青板设置时，注意基底伸缩缝位置避开隔振器位置，沥青板用量约 $20m^2$。混凝土施工前，需进行水沟模板的立模，按设计位置设置基底排水沟。

图 10.5-6　基础施工完成

③ 基底混凝土浇筑及养护

浇筑混凝土时必须进行振捣，振捣时间不少于 30s，并达到以下三个条件：a）混凝土表面开始泛浆；b）不再冒泡；c）混凝土表面不再下沉。混凝土摊平后用不小于 1m 长的铝合金尺将混凝土面刮平。混凝土浇筑完成后 12h 内及时覆盖土工布，并及时进行洒水养护，养护时间为 7d。见图 10.5-6。

4）基底高程及平整度检查、整修

基础混凝土浇筑完毕后，根据在盾构壁上定出的点用线绳重新复查基底混凝土面高程，对于偏差尺寸超过设计要求的地段进行整修。

（6）中心水沟盖板安装及隔离层铺设

因预制板道床在基底找平层顶面浇筑后顶升，为保证顺利顶升需在基底找平层顶面及两侧隧道侧壁的预制板道床浇筑范围铺满一层隔离层。接缝处应进行无缝粘合，在隧道侧墙两侧必须高于浮筏板道床顶面 100mm 以上，铺设完的隔离层应检查确认无破损，后续施工时注意保护隔离层。在水沟盖板上铺设隔离层，盖板上有锚筋，不管锚筋是何种形式，都应在对应位置将隔离膜用刀片割开，使锚筋露出来，割口以满足锚筋露出来为准，不能割大；锚筋从隔离膜露出来后将隔离膜压平，用胶带封口，封口之前仍然要用抹布擦干净。见图 10.5-7、图 10.5-8。

图 10.5-7　隔离层铺设

图 10.5-8　隔离层铺设完成

（7）预制板吊装运输

采用钢丝绳穿过预制板吊点，将预制板运输至轨排井下轨道车平板上，轨道车推进预制板至铺轨门吊下，通过铺轨门吊吊运预制板，至施工作业面。见图 10.5-9。

图 10.5-9 预制板吊装运输

（8）预制板定位

根据 CPⅢ控制网已布设点位，调整预制板中心线及前后位置，确保预制板中心线同设计轨道中心线的重合、预制板的前后位置同测量的板端线重合。见图 10.5-10。

（9）钢轨扣件安装

因预制板较短，所以将钢轨、扣件通过轨道车平板运输至作业面，先安装按照线路设计的扣件间距将 DTⅢ2 型扣件安装在预制板上，再根据轨节表将所配号的钢轨安装在预制板的扣件上，并紧固螺栓。见图 10.5-11。

图 10.5-10 预制板定位

图 10.5-11 预制板钢轨扣件安装

（10）预制板测量精调

根据 CPⅢ控制网结合轨检小车对预制板轨距、水平、高程、方向等几何尺寸进行调整，调整轨道几何状态，用万能道尺、方尺、L 形尺、锤球等工具，按设计和规范要求调整轨道的轨距、水平、高程、方向等几何尺寸。经过精调后，其精度必须符合无砟轨道铺设的技术标准要求及图纸规范要求。其精度允许偏差应符合规范要求。调整后轨顶应比设计标高调低 30mm，预制板道床顶升 30mm 后，轨顶便达到了设计标高。施工中严格按照“三步控制”的措施确保轨道的几何状态。见图 10.5-12。

（11）安装隔振器

1）全面清理预制板道床范围的杂物和积水。在预制板上游来水进入预制板地段基底中心水沟处设置水篦子，同时确保全部的上游来水能通过基底水沟排走。在板顶预留孔加设盖板，防止杂物进入板底。

2）用密封条将所有预制板周围的缝隙、板端的间隙密封，以确保进入工作状态后其他杂物不能进入到板底。密封条的安装符合下列规定：①密封条为 4mm×350mm 的橡胶材料，使用 3mm×25mm 的镀锌金属条固定；②一般情况下，安装在高出道床板侧面边缘 150mm 的隧道边墙上，只需固定一端；矩形道床板侧面缝隙板及板缝位置，以板缝为中心，两侧密封条宽度均等，两侧全部固定；

3）在每块预制板道床表面平均设置 8 个永久观测点，对应编号，并在顶升前使用轨检小车准确测量预制板上各测点的标高，保存实测资料。顶升前与预制板道床以外的控制基标利用 CPⅢ控制网进行联测，记录每个水准点的初始高程值，在顶升最后一遍及结束后，再与控制基标联测。这样做既可为最后一次顶升提供参考数据，又能够检验顶升量是否达到设计要求。

4）去掉外套筒上的盖板，将筒内清理干净并切除筒内的隔离层。根据设计要求，在需要安装水平限位的隔振器基础环中心钻孔，压入定位销及横向限位装置。见图 10.5-13。

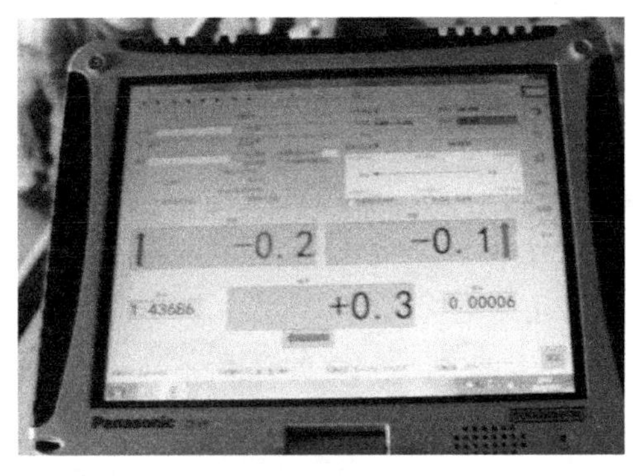

图 10.5-12 预制板精调

图 10.5-13 预制板安装隔振器

（12）预制板顶升

① 当混凝土浇筑 28d 后，且达到设计强度，用厂家提供的专用液压千斤顶从浮置板支承基础上抬起浮置板。浮置板顶升达到设计顶升高度。顶升时隔振器组装见浮置板隔振器内部结构见示意图（图 10.5-14）。

② 为了测量浮置板水平和静变形，在每块浮置板上布置 8 个测量点，测量浮置板的水平。

③ 去掉外套筒上的盖子（12），检查外套筒内是否干净，是否潮湿，在隔离层上割一个圆孔，在需要安装固定销的隔振器基础环中心钻孔，压入定位销。安装定位销完毕后，利用安装杆把隔振器放到外套筒里，落在浮置板支承基础上。支承板与外套筒之间有足够的空隙，旋转弹簧组使三角形状的上支撑板（4）的三个角和焊在外套筒内壁上的（13）相平。取出安装杆。利用放在隔振器上的液压千斤顶的液压柱塞顶住上支承板（4），直到三个爪低于上挡环（10）。由压差控制的压力作用在上支承板（4）上并作用到浮置板支承基础上，作用在支撑架上的反作用力抬起浮置板。

④ 考虑到浮置板和剪力铰的受力，浮置板至少要分 3～4 步顶升，最后达到设计的顶升高度。每一步的顶升高度，要通过放置在下支架（13）和上支承板（4）之间的调平钢

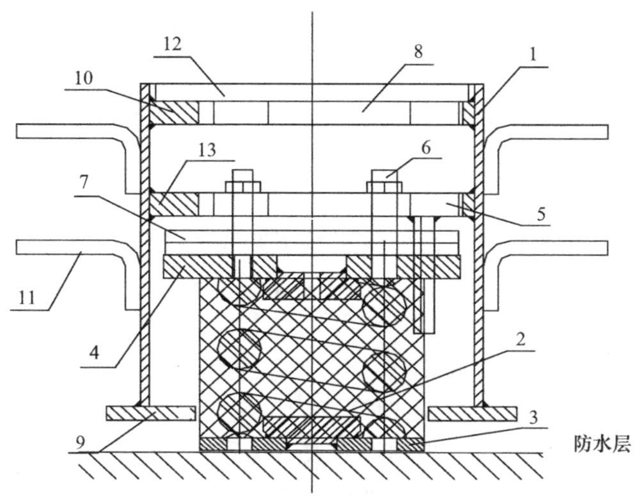

图 10.5-14 浮置板隔振器内部结构示意图

板（7）来控制。调平钢板的形状和上支承板（4）的形状一致。为减小调平钢板（7）和下支架（13）之间的缝隙，把力传递到外套筒上，调平钢板（7）和（13）和上支承板之间的接触面必须水平。最后测量浮置板顶升高度，检查是否达到设计要求。

⑤ 根据轨道几何尺寸，如需要进行高度调整，可以通过调平钢板（7）对浮置板高度进行调整。

⑥ 安装完隔振器，并达到设计要求后，要把安全板（5）放置于调平钢板（7）上，并通过螺栓（6）与内筒连接在一起，防止调平钢板移动。利用螺栓固定安全板，保证传力可靠。

（13）顶升后的处理事项

顶升完成的预制式钢弹簧浮置板道床须注意保护，避免水等其他液体进入外套筒内。若与预制式钢弹簧浮置板道床相接的整体道床是在钢弹簧浮置板道床顶升以后施工，须采取有效措施防止混凝土砂浆进入浮筏板道床底部顶升后形成的间隙内。钢弹簧浮置板道床顶升到位后，清理浮置板道床间及浮置板道床与隧道壁间的杂物，在板两侧与隧道壁间隙位置和板缝位置安装橡胶封条，以确保无杂物进入空隙。钢轨焊接（无缝线路施工）安排在顶升后进行。见图 10.5-15。

图 10.5-15 预制浮置板施工完成

10.6 施工质量标准

（1）钢筋加工与安装

1）钢筋的表面应洁净，使用前应将表面油渍、漆污、锈皮等清除干净；钢筋应平直，无局部弯折。

2）钢筋的绑扎与焊接应按设计图纸的要求进行，焊接钢筋的质量验收内容和标准应按照验收规范的规定执行。

3）钢筋应按图纸所示的位置准确安装，并用标准的支承将钢筋牢靠地固定好，使其在浇筑过程中不致偏移。禁止将钢筋放入或插入已浇筑但尚未凝固的混凝土中。

（2）预制板混凝土浇筑

1）预制板的混凝土浇筑振捣，需要放置专用振捣平台上。

2）模板接缝稳合、支撑体系要牢固，避免混凝土浇筑过程，自重及振动棒产生的侧压力较大，出现胀模现象。

3）混凝土的浇筑应在一次作业中连续进行，达到设置的施工缝为止。如发生浇筑中断，间断时间应小于前层混凝土的初凝时间或能重塑时间。

4）混凝土应按水平分层浇筑。当用插入式振捣器时，分层厚度不得超过 30cm。

5）混凝土浇筑完成后，应立即对之进行养护，养护期 28d。

（3）防迷流电缆线安装

预制板内钢筋兼做排杂散电流钢筋，在预制板钢筋绑扎时在板端通过扁钢焊接一对排流连接端子，待预制板就位完成后板与板之间用铜电缆线连接，电路贯通。注意焊接过程中，对扁钢的保护，扁钢易在焊接中损坏。

10.7 安全、环保注意事项

（1）危险源辨识内容（表 10.7-1）

危险源辨识与风险评价一览表 **表 10.7-1**

单位：

专业名称：轨道工程

序号	工序名称	危险源	可能导致的事故	危险源级别	现有控制措施	备注
1	钢弹簧浮置板道床预制板施工	钢轨安装	人身伤害	V	穿戴好防护用品	
2		施工区域前后未设置防护员	人身伤害	V	增设防护员	

注：判别依据：Ⅰ. 不符合法律法规及其他要求；Ⅱ. 曾发生过事故，仍未采取有效控制措施；Ⅲ. 相关方合理抱怨或要求；Ⅳ. 直接观察到的危害；Ⅴ. 施工条件危害评价（LEC 法）

（2）安全注意事项

1）施工区域两端应设置信号灯，施工牌。

2）施工区域两端设置防护员进行防护。

3）进场施工必须进行安全技术交底及安全技术培训。

4）轨行区施工需申请 A 类工作票。

5）在规定的施工时间内完成测量并撤离轨行区。

6）轨排拼装：吊运预制板途中，下方严禁站人；安装紧固弹条过程中，前方严禁站人。

（3）文明环保注意事项

1）施工人员遵纪守法、文明用语、文明施工、尊重地方性民风、民俗。

2）现场临时用水、用电布置编制专题方案，并按专题方案实施。

3）现场设有安全文明施工标语。现场安全标志牌（挂在需要的合适位置）与标志平面图相符。

4）工完料清，以保证施工现场的清洁及其他材料的堆放。材料、构件、料具按总平面图分类进行布置。

5）进出工地混凝土搅拌车在进出口处设置冲洗槽，用高压水枪对车辆进行冲洗，确认车辆不会对环境造成影响后，方可离开。

6）现场不搭设生活临建设施，职工的用房考虑在附近租房解决。

7）现场派专人负责现场及附近街道的清扫。

第十一章　无缝线路

11.1　适用范围

适用于城市轨道交通正线、含上盖车辆段等无缝线路施工。

本节以国内具有代表性的用于城市轨道交通无缝线路施工工艺介绍，供施工单位对照参考。

11.2　施工内容

无缝线路施工内容主要有：焊前准备、钢轨检查除锈、钢轨焊接、推瘤焊后粗磨、焊头正火、精磨、超声波探伤、无缝线路锁定等。

11.3　施工技术标准

(1)《钢轨焊接　第1部分：通用技术条件》TB/T 1632.1—2014；

(2)《钢轨焊接　第2部分：闪光焊接》TB/T 1632.2—2014；

(3)《钢轨超声波探伤仪》TB/T 2340—2012；

(4)《铁路轨道工程施工质量验收标准》TB 10413—2018；

(5)《无缝线路铺设及养护维修方法》TB/T 2098—2007。

11.4　施工准备

(1) 焊轨设备应报监理审核通过后才能投入使用。

(2) 根据《钢轨焊接》TB/T 1632.2—2014计算出焊轨型式试验用钢轨数量，并组织进场。

(3) 对钢轨焊接接头进行型式试验。

(4) 所有人员开工前必须通过安全、技术培训考核，特殊工种持证上岗，各种施工机具在开工前全部进场确保状态良好。

(5) 型式试验焊前钢轨检查：提前对钢轨外观尺寸、外观质量逐根进行检查，对达到标准的钢轨进行全面探伤检查；对合格的钢轨进行轨端除锈。

(6) 轨端除锈是对待焊钢轨端面和距离端面300mm范围内轨腰两侧表面除锈，使其露出90%以上的金属光泽。如果在此范围有凸出轨腰表面的厂标、生产日期等符号必须同时磨平。

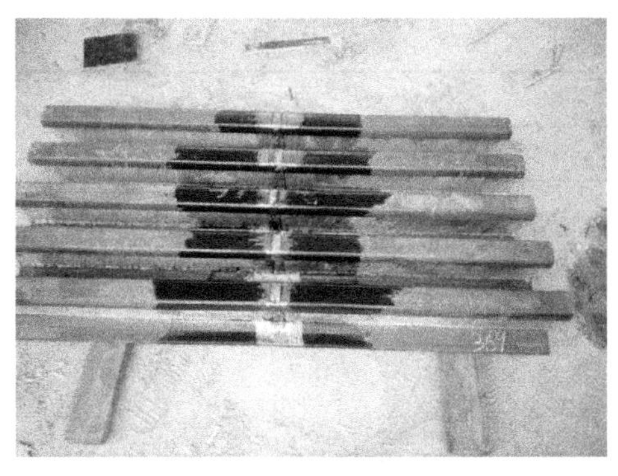

图 11.4-1 钢轨焊接接头进行型式试验

（7）落锤试验要求连续 15 根不断，落锤的高度为 9.1m，主要是为了调整焊机参数，落锤试验通过后方可焊接送检试件。落锤及送检试件必须是探伤合格的，型式试验通过后方可上线焊接。焊接前型式检验取得的工艺参数报监理单位确认后进行正式焊接。

以一个铺轨基地（6～9 正线公里）的单个无缝线路施工为例，按照表 11.4-1～表 11.4-3 的要求，做好人员配置、施工机具、机械设备配置的准备工作。见图 11.4-1。

（1）人员配置（表 11.4-1）

人员配置表 **表 11.4-1**

序号	人员	单位	数量	备注
1	施工负责人	人	1	
2	技术负责人	人	1	
3	领工员	人	3	
4	质量员	人	1	
5	安全员	人	1	
6	试验员	人	1	
7	材料员	人	1	
8	技术员	人	2	
9	轨道车司机	人	3	
10	施工人员	人	40	根据人员技术水平进行调整

（2）施工机具（表 11.4-2）

施工机具表 **表 11.4-2**

序号	名称	规格	单位	数量	备注
1	撬棍	7kg×1.5m	根	5	
2	翻轨器	1460×200×140	根	5	
3	正矢线盒	20m	个	1	
4	钢卷尺	5m	个	1	
5	钢板尺	30cm	个	1	

（3）机械设备配置（表 11.4-3）

机械设备配置表 **表 11.4-3**

序号	名称	规格	单位	数量	备注
1	基地龙门吊	10t-24m	台	2	
2	轨道车	JY290	台	1	
3	移动式焊轨机	K922	套	1	
4	轨道平板车	PD250	辆	2	
5	锯轨机	K1260	台	1	
6	内燃钢轨钻孔机	NZG-31	台	1	

续表

序号	名称	规格	单位	数量	备注
7	发电机	8kW	台	1	
8	正火机	JRQ-60F	套	2	
9	手提式砂轮机	MR150	台	4	
10	仿形打磨机	YMG-150	台	2	
11	超声波探伤仪	CTS-23	台	1	
12	齿条起道机	JGQ、60 型	台	4	根据施工组织设计配备
13	滚轮	ϕ20—ϕ26mm；L-120mm	个	8	
14	电动/内燃扳手	LB-300 型	台	2	
15	轨温计	DT-8550	个	1	
16	塞尺	(0.02～1)mm	个	1	

11.5　施工工序流程和操作要点

(1) 施工工序流程图（图 11.5-1）

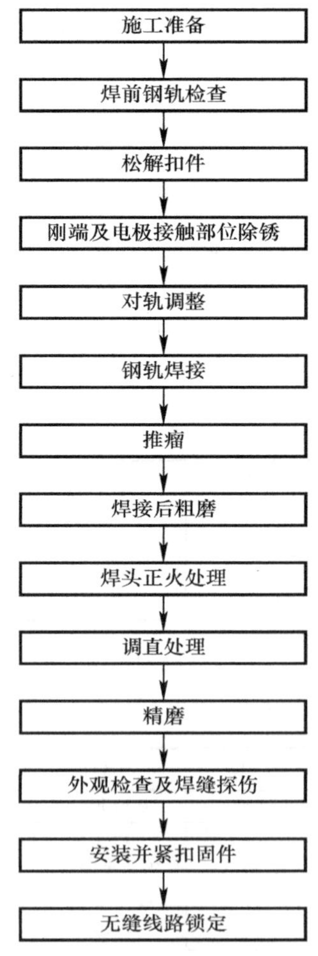

图 11.5-1　施工工序流程图

(2) 操作要点

1) 钢轨焊前准备

① 焊轨前对钢轨进行检查，不能只查轨头，头、腰、底都要全面检查。钢轨不得有拱背、硬弯和扭曲，钢轨母材不得有裂纹、白核、杂夹、灰碴等缺陷；轨面不得有折叠结疤、掉块、压痕、划痕损伤。见图 11.5-2。

② 锯、配轨

a. 根据无缝线路实际情况调查并编制配轨表，应充分考虑曲线上、下股等情况。

b. 锁定焊接需要插入短轨时，插入短轨长度应不小于 6.25m，材质与原钢轨相同，焊后应保持原无缝线路技术状态和锁定轨温不变。

c. 锯轨长度公差为 10mm，端面不垂直度在垂直和水平两个方向上用角尺检查均不得大于 0.6mm。如不能达到要求，则用钢轨端面平磨机对端面进行打磨，直至达到要求。不垂直度过大对焊接质量有较大影响。

2) 钢端及电极接触部位除锈

① 焊接钢轨轨腰打磨，在距离轨头 700mm 范围内应用直向式电动砂轮机进行除锈打磨，打磨后应有金属光泽，不得有锈斑，打磨深度不得超过母材 0.2mm；钢轨端部 600mm 范围内，有出厂标志的，应用砂轮机打磨至与轨腰平齐，不得有任何凸出，以防损伤钳口；同时不能伤损母材。见图 11.5-3。

② 焊接钢轨断面垂直度打磨，对焊接钢轨端面应用宽座角尺和塞尺进行垂直度检查，凡不垂度超过 0.5mm 的，均应用钢轨端面打磨机进行端面打磨直至满足焊接要求。

③ 进行钢轨打磨时，操作人员应佩戴好护目镜。

图 11.5-2 钢轨焊前检查

图 11.5-3 钢端及电极接触部分除锈

④ 凡进行打磨后的钢轨，待焊接时间不得超过 24h 并不得被油水玷污；否则应重新按照要求进行打磨。

3）钢轨焊接

① 将钢轨用齿条式压机提起，然后在距待焊接头（动轨接头）3m、10m 处钢轨下垫滚轴，减轻焊接时钢轨的拖动摩擦力；在钢轨末端 3m 处用三脚架配合链条葫芦将钢轨提起，形成向焊机方向有一定的夹角，减少焊机钳口的顶锻力，从而保证接头焊接质量；根据焊接时两待焊接钢轨头之间的距离将减小动轨向焊机方向窜轨，达到两轨头间距为 1mm 时，将其垫平、基本对齐；焊机钳口夹住接头时，接头不能出现高低错牙。见图 11.5-4。

② 将焊机运行至定轨的合格施焊位置处，放置铁鞋，同时伸出焊机平板牛腿稳固；对柴油发电机进行预热，然后合上电闸给焊接设备供电。

③ 开机焊接

a. 将打磨好的待焊接的钢轨放平整，使轨头的间距在 3mm 以内；调整焊机机头的方位，使其位于待焊接接头正上方。

b. 利用内置的推瘤刀进行推瘤，提升焊机直至完全离开钢轨焊接接头，除去推瘤的焊渣。见图 11.5-5。

图 11.5-4　钢轨焊接

图 11.5-5　推瘤

④ 焊完后焊机缩回放到平板车的平台上，同时收起牛腿，取出铁鞋，焊机运行至下一待焊接头处，准备焊接。

4）钢轨打磨及正火探伤处理

① 焊后接头正火

正火的目的：消除由于焊接热循环而产生的热影响，改善焊接接头的综合机械性能，使焊接热循环过程形成的晶粒细化、提高韧性，改善改善焊接残余应力的分布。焊后热处理的正火影响对接头起着决定性作用。

a. 当焊接接头焊后温度自然冷却到 500～600℃之间，然后用氧气-乙炔正火机将焊缝加热到 850～880℃（加热器应沿焊接接头纵向摆动量 7～10cm），再自然冷却。正火时应严格控制温度，并采用红外线测温仪控制。

b. 正火时，应对氧气、乙炔的压力进行记录；正火时间及正火温度应该严格控制并做好相应记录；加热器在正火时的摆动距离及频率也应作好记录。见图 11.5-6。

图 11.5-6　焊头正火

② 焊接后调直、打磨

a. 调直，待焊缝正火完，温度降低到300℃以下时，采用数字式钢轨直度测量尺对钢轨进行直度检测，钢轨在焊缝前后各 1m 范围内，水平弯曲度不应大于 0.3mm/m（以作用面一侧测量为准），垂直弯曲度不大于 0.5±0.3mm（以轨顶面测量为准）。焊缝部位在热影响下有 0.5～1.0mm 的上拱量。对直度超标的应用钢轨调直机进行调整。

b. 焊后打磨可以分成粗打磨和精细打磨。

粗打磨：利用角磨机或砂轮机对焊缝及附近轨头顶面、侧面、轨底上表面和轨底进行打磨；在打磨轨头时，平直度在焊缝两侧各 1m 范围内基本符合 0～0.5mm；焊缝踏面部位热态时呈 0.5～1.0mm 的上拱量，在常温下不能打亏；轨底上表面焊缝两侧各 150mm 范围内及距离两侧轨底角边缘各为 35mm 范围内应打磨平整；用砂轮打磨凸出量必须顺向打磨，严禁横向打磨。见图 11.5-7。

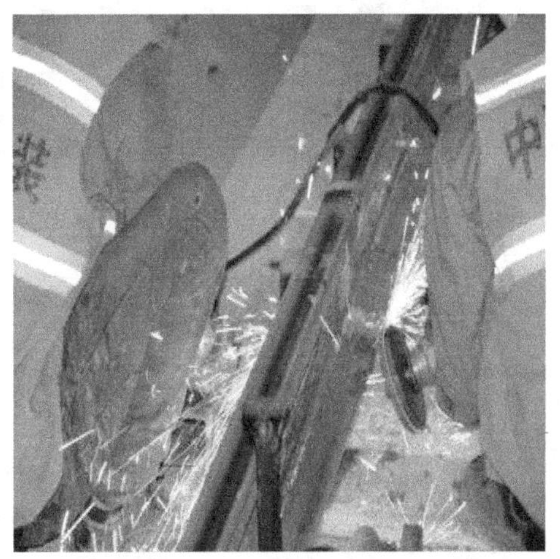

图 11.5-7　焊头粗磨

用仿形打磨机进行打磨时，进刀量不得超过 0.2mm，打磨机沿钢轨纵向往复移动，待无火花时，再适当给进刀量；打磨机从轨顶逐渐向轨侧摆动，直至完成对钢轨轮廓的仿形打磨。为提高磨削效率，在该阶段可以选择深切、快移打磨。打磨时不准冲击和跳动，对母材的打磨深度不得超过 0.5mm；打磨面不得发黑、发蓝而应平整有光泽。

精细打磨：精细打磨时，用扁平锉或细砂皮纸纵向打磨，打磨要平顺圆滑，不得留有棱角，各个面上的误差应严格控制在 0.3‰之内；焊接头在尺寸误差范围内以 1‰顺坡处理，其余部分应圆顺，不准有突变、夹角和啃伤等缺陷；轨顶打磨完毕用 1m 直尺测量误差不得超过 0.3mm。

当用打磨机进行时，应选择较小的切削深度并延钢轨纵向缓慢移动，从而提高表面光洁度。

c. 焊接接头超声波探伤，施工前，必须用标准试块对探伤仪及探头进行检验，处于完好状态方可使用。见图 11.5-8。

每个钢轨焊头均应进行超声波探伤。探伤前应将焊缝处温度降低到 50℃以下，冷却可以用浇水法进行，但浇水前钢轨温度不得高于 250℃。在经打磨过的焊接钢轨轨底、轨腰、轨头上均匀涂抹探伤耦合剂，然后用 2.5MHz 超声波对轨头、轨腰及轨底进行探伤。探伤结果不得有未焊透、过烧、裂纹、气孔、夹渣等有害缺陷。同时作好增益衰减和细度衰减的记录。

d. 焊机焊完钢轨接头后，清扫干净钳口上的焊渣，做到工完料清。焊接接头经过超声波探伤确定完全没有缺陷，判定为合格后，方能去掉垫在钢轨底的辊轴。见图 11.5-9。

图 11.5-8　外观检查及焊缝探伤

图 11.5-9　焊头精磨

5）无缝线路锁定

① 当现场实际轨温达到设计锁定轨温时，将钢轨放入承轨槽，及时上紧扣件，锁定单元长轨节。单元轨节落槽时，在锁定的同时将它与上一个单元焊接起来，连续锁定下一个单元轨节，组成超长无缝线路。同时准确确定并记录锁定轨温。

图 11.5-10　扣件安装及线路锁定

② 设置位移观测桩：线路锁定后及时设置位移观测桩，并在相应位置的钢轨轨腰做好观测标记，定时观测钢轨变化情况。见图 11.5-10。

③ 钢轨锁定时有以下几种情况：

a. 当轨温在设计锁定轨温范围内，此时对钢轨进行锁定，并注意线路水平、方向、正矢。

b. 当实际锁定轨温低于设计轨温时，根据温度差计算钢轨伸长量，然后利用钢轨应力调整器将钢轨拉伸到设计长度后，再进行锁定。

c. 锁定轨温高于设计轨温时，一定要待轨温降低至设计轨温时再锁定，可先临时锁定，待轨温降低至设计轨温时松开扣件，放散钢轨应力后再重新锁定。

11.6　施工质量标准

（1）批量焊接生产过程中，超过 500 个焊接接头，应按规范要求进行周期性生产检验，检验合格后方可继续生产。

（2）气温低于 0℃时，不宜进行工地焊接，刮风、下雨天气焊接时，应采取防风、防雨措施。中雨、大雨及风力大于 4 级时不应进行焊接。

（3）气温低于 10℃时，焊前应采用火焰预热轨端 0.5m 长度范围，预热温度均匀，钢轨表面预热升温为 35～50℃，焊后应采取保温措施。

（4）承受拉力的焊缝，在其轨温高于 400℃时应持力保压。

（5）通过型式检验确定工艺参数。

（6）若待焊轨头前方为长钢轨，且长钢轨需进行应力放散、拉伸或窜动时，应拆除待焊轨头前方全部长钢轨及轨头后方 10m 范围内的扣件，如长钢轨不需应力放散、拉伸或窜动，则只需拆除 80m 左右的扣件即可。

（7）根据轨枕和扣件类型适当垫高待焊轨头后方的钢轨，确保焊头轨顶平直度。

（8）应对两焊接轨端和焊机电极钳口轨腰接触区进行打磨，呈现光泽后方可施焊。

（9）焊缝区域冷却到 400℃以下时，焊轨工程车方可通过钢轨焊头。

（10）焊轨工程车施焊完毕后，应采用相应机具对钢轨焊缝进行正火、打磨、平直度检查和超声波探伤等工序。

（11）正火应在焊接接头不受拉力的条件下进行。

（12）焊头打磨应在焊缝温度低于 200℃时进行，打磨过程中应保持轨头的外形轮廓，打磨长度不应超过焊缝两端各 450mm，轨底上下角应打磨圆顺。

（13）焊缝及焊缝两端各 1m 长度范围内的轨顶面、轨头内侧面应采用仿型打磨机精细打磨，打磨时钢轨温度不应高于 50℃。

（14）采用手砂轮粗打磨时，应纵向打磨，使火花飞出方向与钢轨纵向平行；打磨过程中，不应使砂轮在钢轨上跳动，以免冲击钢轨母材；不应出现打磨灼伤。

11.7 安全、环保注意事项

（1）危险源辨识内容（表 11.7-1）

危险源辨识与风险评价一览表 **表 11.7-1**

单位：

专业名称：轨道工程

序号	工序名称	危险源	可能导致的事故	危险源级别	现有控制措施	备注
1	无缝线路施工	钢轨焊接	人身伤害	V	特种作业人员持证上岗、穿戴好防护用品	
2		施工区域前后未设置防护员	人身伤害	V	增设防护员	

注：判别依据：Ⅰ. 不符合法律法规及其他要求；Ⅱ. 曾发生过事故，仍未采取有效控制措施；Ⅲ. 相关方合理抱怨或要求；Ⅳ. 直接观察到的危害；Ⅴ. 施工条件危害评价（LEC 法）

（2）安全注意事项

1）施工必须按照有关规定进行。施工人员在集体施工时要保持安全间距，防止发生人员碰伤、砸伤、撞伤事故。

2）在调整轨位时，要有专人统一指挥，统一号令，施工人员要站立牢固，防止摔伤。

3）翻动钢轨时，必须使用翻轨器，严禁使用撬棍翻轨，施工人员要站在安全地带。

4）启动焊接设备时，必须有技术人员指导，技术人员不在场时，其他人员不得私自调试焊接设备。

5）打磨、正火时，操作人员必须佩戴护目镜。拆卸焊机时要带石棉手套，防止烫伤。

6）乙炔瓶、氧气瓶的使用、运输和保管必须严格执行气瓶运输、储存使用安全技术规程。乙炔瓶与易燃易爆品的间距不应小于10m；乙炔瓶、氧气瓶与明火或普通电气设备（如配电盘、在用电动工具等）的间距不应小于10m；乙炔瓶、氧气瓶使用时应放在固定气瓶的支架上，并禁止敲击、碰撞。

7）施工现场必须配备灭火器材，并确保人人会用。焊轨施工中须严防火灾事故发生，每日施工结束后，必须在严格检查确保无火险隐患后方可离开现场。

8）焊轨现场施工时，不得影响相邻线路正常行车。存放物品不得侵限。施工人员未经施工负责人允许，禁止到非施工区域。焊轨机上不得乱放物品，要保持整洁。防止人员摔伤、撞伤。

9）施工结束后要认真清理现场，断开临时用电电源；机械、工具、设备和材料码放在安全地带；废弃物、易燃物统一清理干净装袋收回，确认安全后方可离开现场。

10）施工用电安全措施：

① 为保证施工用电安全，严格采用TN-S系统（三相五线制）和《施工现场临时用电安全技术规范》JGJ 46—2005的规定要求。

② 配电系统应符合“箱三级配电两级漏电保护”要求，设置室内总配电盘或室外总配电箱和分配电箱，移动式开关箱，漏电开关保护器设在后两级。漏电保护器的选择应符合《剩余电流动作保护装置安装和运行》GB/T 13955—2017的要求，开关箱内的漏电保护器其额定漏电动作电流不大于30mA，额定漏电动作时间应不小于0.1s。

③ 保护零线必须在总配电室或总配电箱、分配电箱处重复接地外，还必须在配电线路的末端处重复接地。

④ 焊轨机用电设备必须设有各自的开关箱，并应有防雷电装置，同时实行“一机一闸、一漏一箱”。配电箱、开关箱必须防雨、防尘和加锁。

⑤ 移动式机械的电源导线（或临时电源）必须采用绝缘良好的橡皮护套铜芯软电缆，其中一根作为接地线，电源导线不得直接绑扎在金属壳上。不得借用机械本身金属结构做工作零线。

⑥ 发生人身触电时，应立即切断电源，然后对触电者做紧急救护，严禁在未切断电源前与触电者接触。

⑦ 对移动机具、移动照明灯具、手持电动工具要加强维修检查。对重点监控场所、部位加强检查。

⑧ 电气施工人员必须持证上岗。

（3）环保注意事项

1）根据本项目工程环境和工程特点，制定以下环境保护措施：

① 加强施工管理，强化环保意识。

② 加强施工现场和生活区域管理。

③ 加强监控量测，确保环境安全。

④ 加强绿化及其保护。

2）每道工序施工完后必须及时清理现场卫生，将废弃物统一回收，集中进行处理。

3）发电机排气管安装尾气净化装置。

4）焊接和打磨时采用耐热绝缘材料将隧道可能伤及的部位进行覆盖。

5）定期对人员进行培训，强调大家的环境保护意识。